Martin Fritz

Schauplatz Nordkorea

Pulverfass im Fernen Osten

W0094246

HERDER

FREIBURG · BASEL · WIEN

Gedruckt auf umweltfreundlichem,
chlorfrei gebleichtem Papier

Originalausgabe

Alle Rechte vorbehalten – Printed in Germany
© Verlag Herder Freiburg im Breisgau 2004
www.herder.de
Satz: Barbara Hermann, Freiburg
Druck und Bindung: fgb · freiburger graphische betriebe 2004
www.fgb.de
Umschlaggestaltung und Konzeption:
R·M·E München / Roland Eschlbeck, Liana Tuchel
Autorenfoto: Christian Fritz
Covermotiv: © dpa
ISBN 3-451-05464-7

Für Ruth

Inhalt

Vorwort

Nordkorea fordert die Welt auf mehrfache Weise heraus: Das Land gefährdet mit seinen Atombombenplänen die internationale Sicherheit – zum einen, weil es seine Nachbarn unmittelbar bedroht, zum anderen, weil es seine Raketen in Spannungsgebiete exportiert und möglicherweise nuklearen Sprengstoff exportieren will. Es presst seinen Nachbarn umfangreiche wirtschaftliche Hilfen ab, indem es Südkorea und Japan, die wichtigsten Verbündeten der USA in der Region, mit seiner Militärmacht bedroht. Und es zwingt die internationale Gemeinschaft zu humanitärem Engagement, um die Hungersnöte zu stoppen und die katastrophale Lage der Menschenrechte zu verbessern. Diese drei Herausforderungen sind eng miteinander verwoben. Wer zum Beispiel für Sanktionen plädiert, um die Atomrüstung zu stoppen, wird nicht das Regime, sondern die Bevölkerung treffen. Wer Nordkorea für die Aufgabe seiner Atompläne belohnen will, macht sich erpressbar und nimmt in Kauf, die Politik des Diktators Kim Jong-il zu legitimieren. Und wer Nahrungsmittel liefert, um den Hungertod tausender Menschen zu verhindern, läuft Gefahr, jegliche Wirtschaftsreform zu verhindern und das Regime zu stabilisieren.

Das Buch will diese komplexen Zusammenhänge und ihre Hintergründe darstellen und analysieren. Ausgehend von der aktuellen Atomkrise werden die wichtigsten Aspekte des Nordkorea-Problems freigelegt: Entscheidend für das Verständnis der gegenwärtigen Situation ist es, die Grundlagen der Kim-Herrschaft – ihre Ideologie, ihre Inszenierung, ihre Machtmittel – zu erkennen. Ein Blick zurück in die Geschichte der nordkoreanischen Diktatur wird zeigen, dass die gegenwärtige Krise eine lange Vorgeschichte hat. Anschließend wird anhand der Biographie von Nordkoreas Führer Kim Jong-il untersucht, welche Faktoren sein Verhalten in der Atomkrise bestimmen – die dramatischer Ausdruck der umfassenden politischen und wirtschaftlichen Krise des Landes ist. Um die Motive und die Wahrscheinlichkeit für ein wirtschaftliches Umdenken in der nordkoreanischen Elite beurteilen zu können, ist es unerlässlich, die wechselseitige Abhängigkeit zwischen den Drohgebärden Nordkoreas und der Gewährung internationaler Hunger-Hilfe zu analysieren. Zu diesem Komplex, in dem politische, wirtschaftliche und moralische Interessen untrennbar verbunden sind, gehören die Arbeitslager, deren entsetzlicher Alltag hier ebenfalls dargestellt werden soll.

Welche politischen und wirtschaftlichen Interessen haben die Nachbarländer? Wie beeinflussen die zahlreichen Flüchtlinge die jeweilige Haltung der Regierungen? Weshalb akzeptiert China die Tragödien, die sich ereignen, wenn das Land aufgefundene Flüchtlinge zwangsweise repatriiert? Diese Fragen müssen ebenfalls beantwortet werden, wenn man die gegenwärtige Haltung der Anrainer Nordkoreas verstehen will und wenn es darum geht, mögliche Entwicklungswege für die beiden koreanischen Staaten vorzuzeichnen, die ihre Vereinigung in die Zukunft verschoben haben. Die entscheidende Frage bleibt: Welche Chancen hat der Frieden in der Region?

1. Brennende Lunten

Droht wirklich ein Krieg in Ostasien – oder rasseln Nordkorea und die USA nur etwas lauter mit den Säbeln als gewöhnlich? Will Nordkorea wirklich Atommacht werden – oder mit seinem Nuklearprogramm nur internationale Hilfe abpressen? Wollen die USA wirklich das Regime in Pjöngjang stürzen – oder nur einen realitätsfernen Diktator in seine Schranken weisen? Ist Nordkorea bereit, Plutonium an Terroristen zu verkaufen, um an Devisen zu kommen – oder blufft es nur, damit man in Washington aufmerksam wird? Ist dieses halb verhungerte Land wirklich eine Gefahr für den Weltfrieden – oder wollen die USA im Fernen Osten nur ihre hegemonialen Ansprüche durchsetzen?

Diese Fragen beunruhigen die Welt, seitdem der Streit um die nordkoreanische Atombombe zwischen Nordkorea und den USA zu eskalieren droht. Er wird am letzten Schauplatz des Kalten Krieges ausgetragen – wenn man von Cuba absieht. Seit 1945 ist das koreanische „Land der Morgenstille" geteilt. Keine Briefe, keine Telefonate, keine Besuche zwischen dem kapitalistischen Süden und dem kommunistischen Norden. Auch der Fall des Eisernen Vorhangs in Europa setzte am 38. Breitengrad nichts in Bewegung. Doch dann trafen sich im Sommer 2000 überraschend der süd- und der nordkoreanische Führer, schüttelten sich die Hände, redeten über Frieden und Wiedervereinigung. Die Welt atmete erleichtert auf. Niemand verstand, wie das Eis so schnell schmelzen konnte. Trotzdem hofften viele, dass die koreanische Wunde bald heilen würde. Deshalb bekam der südkoreanische Präsident Kim Dae-jung für seine „Sonnenscheinpolitik" auch gleich den Friedensnobelpreis.

Doch die Erwartungen haben sich nicht erfüllt, die koreanische Frage ist noch immer offen. Das liegt einerseits an der komplizierten Geschichte der beiden Koreas, die fünf Jahrzehnte lang miteinander konkurrierten und neue Formen des Neben- und Miteinander noch üben müssen. Andererseits entspringen die jüngsten Spannungen dem ungeklärten und tief gestörten Verhältnis zwischen Nordkorea und den USA, das seinen Ursprung im Koreakrieg zwischen 1950–53 hat. Seit dem Ende des Krieges halten amerikanische Truppen an der Teilungslinie die Soldaten des Nordens in Schach und bedrohen sie mit Atomwaffen. Kein Land wurde von den USA so dämonisiert wie Nordkorea, kein Land wurde von Nordkorea so beschimpft wie die USA. Anders als in Deutschland wurde die Teilung Koreas mit viel Blut besiegelt, auch mit amerikanischem Blut. Und im Unterschied zur damaligen Bundesrepublik Deutschland ist Südkorea in kein starkes politisches und militärisches Bündnis wie die NATO eingebunden, sondern der wackligste Dominostein in einer Region, in der die USA wichtige strategische Interessen haben.

Das Verhältnis hat sich seit dem Zusammenbruch des Warschauer Pakts zugespitzt, weil sich die politische Weltordnung radikal verändert hat – auch wenn die Militärposten am innerkoreanischen Grenzort Panmunjom für den Besucher Tag für Tag dasselbe martialische Theaterstück „Die gefährlichste Grenze der Welt" aufführen. Der Kalte Krieg war ein Tauziehen der Großmächte, die einander nuklear hochbewaffnet in Schach hielten. In ihrem Schatten brauchten sich kleine und arme Länder wenig Sorgen um ihre Sicherheit zu machen. Nordkorea vertraute vor allem auf chinesischen und sowjetischen Beistand, auch wenn es viel in seine eigene Verteidigung investierte. Mit dem Zusammenbruch des Ostblocks war diese Beschützerfunktion hinfällig. Stattdessen erlebten Nordkorea und andere Diktaturen, wie der Westen schon wenige Jahre später damit begann, im Namen von Demokratie und Menschenrechten oder im Kampf gegen den Terrorismus Kriege zu führen. Die Präzision der konventionellen Hightech-Waffen der Vereinigten Staaten – in den Kriegen am Golf, in Serbien und Afghanistan vorgeführt – erschütterte das Vertrauen der nordkoreanischen Generäle in die eigene militärische Abwehrfähigkeit. US-Präsident Bush reihte Nordkorea zudem in die „Achse des Bösen" ein, erklärte die Regenten von Bagdad, Teheran und Pjöngjang zu Tyrannen und äußerte sich abfällig über Nordkoreas Führer Kim Jong-il. Washington kündigte „präventive Schläge" gegen potentielle Gegner an, die Militärplaner wählten Nordkorea als neues Ziel für Atomraketen. Diktator Kim befürchtet seitdem, schon bald selbst Ziel eines Angriffs zu werden, der als Demokratisierungs-Feldzug deklariert wird. Die Führung in Pjöngjang zog daraus die Konsequenz, sich möglichst schnell atomar zu bewaffnen. Dazu musste man nur die eingefrorene Plutonium-Produktion wieder anfahren und die heimlich begonnene Urananreicherung forcie-ren. Man habe sogar ein Recht auf Atomwaffen, argumentierte die nordkoreanische Führung, weil sie das einzige Mittel seien, um eine drohende Invasion der USA abzuwenden.

Nordkorea begann bereits mit der Anreicherung von waffen-fähigem Uran, als George W. Bush noch Gouverneur in Texas war. Seit dem Tod seines Vaters 1994 und der eigenen Macht-übernahme 1997 setzte Kim Jong-il auf eine erkennbar doppel-gleisige Strategie: Zum einen baute er das Militär konsequent zu seinem wichtigsten Helfer auf: 1997 erklärte er die Armee zum offiziellen „Pfeiler und zur Hauptkraft der Revolution" und zum Modell für Staat und Gesellschaft. 1998 wertete er die Posi-tion des Armeechefs zum höchsten Staatsamt auf. Im Frühjahr 2003 gipfelten diese Bestrebungen in der „Militär-Zuerst-Dok-trin": Nordkorea ist damit de facto zu einer Militärdiktatur geworden – das soll die Macht von Kim Jong-il sichern.

Zum anderen ging Kim von Anfang an auf alle Gegner und Nachbarländer zu und bot ihnen überraschend Entspannung an.

Sein vorrangiges Ziel ist es, das Land aus der Isolation zu führen, um dadurch an frisches Kapital und Know-how zu kommen und so die Wirtschaft zu sanieren. Mit offensiven politischen Befreiungsschlägen versuchte der neue starke Mann, die eingefahrenen Gleise zu verlassen. Schließlich war große Eile geboten: Nordkorea war bankrott, Infrastruktur und Industrie waren de facto zusammengebrochen, der Boden gab nicht genug Nahrung für alle her. Als Nordkoreas Entspannungsversuche mit Seoul, Tokio und Washington aus unterschiedlichen Gründen ins Stocken gerieten, war es für Kim Jong-il jedoch ein Leichtes, auf die bewährte Konfrontationspolitik zurückzugreifen – und die Schuld dafür der US-Regierung zuzuschieben.

Seit Jahrzehnten beschimpft die nordkoreanische Regierung die USA als „imperialistischen Kriegstreiber". Das kleine Nordkorea mit seinen rund 23 Millionen Einwohnern unterhält die fünftgrößte Armee der Welt. Die Streitkräfte besitzen große Mengen chemischer Waffen und experimentieren seit langem mit biologischen Kampfstoffen. Nordkoreas Plutonium-Programm brachte die Halbinsel bereits vor zehn Jahren an den Rand eines Krieges. Der heutige Führer Kim Jong-il hat vermutlich mehrere Terroranschläge persönlich angeordnet. Sein Land exportiert Heroin und Amphetamine aus eigener Produktion, druckt Falschgeld und verbreitet es im Ausland, und es arbeitet mit der internationalen Mafia zusammen. Es verkauft Raketen in Spannungsgebiete, etwa in den Nahen Osten und nach Pakistan. Die eigene Bevökerung wird terrorisiert, mit Orwellschen Methoden überwacht und skrupellos ausgebeutet. Pjöngjang bricht internationale Abmachungen und hält sich nicht an außenpolitische Regeln, wenn es dadurch einen Vorteil erzielen kann. Diplomatie ist für Nordkorea die Fortsetzung des Krieges mit anderen Mitteln.

Präsident Bush hatte also gute Gründe, Nordkoreas Führer zu verurteilen. Aber in der Außenpolitik braucht man eben nicht nur moralische Klarheit, sondern auch strategische Eindeutigkeit. Die USA ließen diese Eindeutigkeit lange vermissen. „Bush-Vorgänger Clinton machte Nordkorea klar: Wir werden euch nicht stürzen, aber eine Atommacht Nordkorea werden wir nicht dulden", beobachtete Harvard-Professor Ashton Carter. „Die Bush-Regierung macht das Gegenteil: Zwei Jahre lang signalisierte sie Nordkoreas Führung, dass man darauf aus war, sie sich zu schnappen. Jetzt wird Nordkorea Atommacht – und Bush sagt, das sei gar keine Krise."

Am liebsten würden Amerikas Konservative Kim Jong-il genauso in die Wüste schicken wie Saddam Hussein. Aber zur eigenen Frustration ist dies auf der koreanischen Halbinsel unmöglich. Washington kann dort nur zwischen zweitbesten Lösungen wählen. Saddam Hussein und Kim Jong-il haben beide bewiesen, dass sie das Leben anderer nicht achten. Aber Nordkorea hat ungleich mehr Zerstörungspotential, als es der Irak jemals hatte. Es kann binnen weniger Stunden mit normaler Artillerie Hunderttausende von Südkoreanern in Seoul töten und jederzeit Japans Ballungszentren mit Raketen beschießen.

Noch aus einem anderen Grund ist die Auseinandersetzung mit Nordkorea für die USA schwieriger als mit dem Irak unter Saddam Hussein: Die Amerikaner haben in Korea andere Interessen als ihre Verbündeten in der Region. Washington fürchtet vor allem den Verkauf von Plutonium an Terroristen und würde am liebsten den Diktator verjagen – und so auch verhindern, dass er ein drittes oder viertes Atomprogramm startet. Aber die Nachbarstaaten Südkorea und China wollen das Chaos vermeiden, das einem Umsturz folgen würde. Sie möchten den jetzigen Machthaber in Pjöngjang lieber stützen – wenn er dafür seine Atomwaffen und Raketen einmottet. Im Prinzip eine gute Idee – Nordkorea hat am Verhandlungstisch in Peking im April und im August 2003 bereits erklärt, bei einer Sicherheitsgarantie und einer ausreichenden Menge an Dollars, Strom, Öl und Reis könnten die Nuklear- und Raketenprogramme eingefroren oder sogar aufgegeben werden. Natürlich rechtfertigte das Regime seine Forderungen nicht mit der eigenen Bedürftigkeit, sondern verlangte diese Leistungen als Kompensation für gebrochene Abmachungen der anderen Seite.

Für die nordkoreanische Führung stellt sich die Politik der USA als unberechenbar dar. Im 1994 unterzeichneten Genfer Rahmenabkommen versprachen die USA die „völlige Normalisierung der Beziehungen" bis hin zur Eröffnung einer amerikanischen Botschaft in Pjöngjang. Die Wirtschaftssanktionen sollten enden. Jahre später musste Nordkorea die USA an diese Zusagen erinnern. Die damalige Außenministerin Madeleine Albright besuchte das Land und legte an der Statue von Staatsgründer Kim Il-sung einen Kranz nieder. Aus nordkoreanischer Sicht war dies ein großer Schritt auf dem Weg zur Normalisierung. Um so überraschter war Pjöngjang, als die Bush-Regierung die ersten Annäherungsschritte der Clinton-Regierung rückgängig machte. Auch in der lebenswichtigen Energiefrage fühlte sich Nordkorea betrogen, weil die zugesagten Kraftwerke nicht pünktlich fertig wurden. Die Verzögerung ist ein Grund für den großen Strommangel im Land.

Aber die nordkoreanische Führung hat sich Hintertürchen offen gehalten. So wie die USA sich bisher die Option eines Angriffs auf Nordkorea vorbehalten wollen, so hat Pjöngjang sich bisher nicht entschieden, ob es wirklich auf die Bombe verzichten würde, wenn der politische und wirtschaftliche Zugewinn nur groß genug wäre – oder ob es in der neuen Weltordnung besser als Atommacht überleben kann.

Die zwei Hauptgegner im Atomstreit umkreisen einander also mit Hintergedanken und steuern damit auf gefährlichem Kurs. Schon ein kleiner, unbeabsichtigter Bewegungsfehler – etwa eine gezielte, militärische Provokation, die anders endet als geplant – könnte in einen schweren militärischen Zusammenstoß münden. Peter Hayes, Direktor des amerikanischen Nautilus-Instituts und wohl bester Kenner des amerikanisch-nordkoreanischen Konflikts, ist deshalb pessimistisch: Sollten die Verhandlungen scheitern, könnte die Konfrontation über die Atombombe Pjöngjangs in einem „koreanischen Krakatoa" enden – einem Gewaltausbruch, der weltweit einen ähnlichen Nachhall hätte wie die Explosion des indonesischen Krakatoa-Vulkans im Jahr 1883. Der Knall war fast fünftausend Kilometer weit zu hören, Vulkanstaub verdunkelte den Äquator, im Ausbruchsjahr sank die Temperatur weltweit um ein Grad. Ein militärischer Zusammenstoß könnte nicht nur die zwei großen Städte Seoul und Pjöngjang zerstören, meint Hayes, sondern auch andere Großmächte involvieren und sogar zum Einsatz von Atomwaffen führen. Dies würde auf Jahre hinaus für globale Unsicherheit sorgen. Ein koreanisches Krakatoa zu vermeiden, ist deshalb für die ganze Welt von vitalem Interesse, so Hayes.

2. Die Sonnenmonarchie

Ein abendliches Ritual in Nordkorea sind Nachrichten im einzigen nordkoreanischen Fernsehprogramm, die in pathetischem Sprechgesang vorgetragen werden und fast ausschließlich aus Lobliedern auf Kim Jong-il bestehen, dem Chef der Arbeiterpartei und Kommandeur der Armee. Das höchste Staatsamt ist für immer seinem Vater vorbehalten, dem ersten „Großen Führer", Kim Il-sung. Obwohl er bereits 1994 starb, ist Kim Il-sung weiterhin Präsident von Nordkorea. Weltweit einzigartig: Ein Toter als Staatsoberhaupt, auf ewig. Sein Tod scheint bedeutungslos, weil eine riesige Propaganda-Maschine Kim Il-sung immer wieder aufs Neue erschafft. In Kindergärten und Schulen, in Kollektiven und Parteigruppen müssen sich die Menschen unentwegt mit seiner Person, seinem Leben und seiner Lehre beschäftigen. Jeder Beamte und Genosse trägt sein Bild als Anstecker am Anzugrevers. Mit 30 000 Statuen ist Vater Kim im ganzen Land allgegenwärtig. Jeder Ort, den er besuchte, ist durch eine Tafel markiert, auf der seine Anweisungen Wort für Wort festgehalten sind. Auf ungezählten Berghängen, Bannern und Schildern lesen die Nordkoreaner in großen Lettern: „Genosse Kim wird immer bei uns sein." Für einen westlichen Menschen klingt das eher wie eine Drohung. Vielen Nordkoreanern gibt diese Gewissheit offenbar die Kraft, ihren harten Alltag zu ertragen.

Die Verehrung ist nahezu grenzenlos: Jeden Tag pilgern Tausende zum Mausoleum von Kim Il-sung im grünen Teil der Hauptstadt Pjöngjang. Sein Sohn ließ dafür den früheren Präsidentenpalast umbauen. In langen Korridoren führen Laufbänder die Menschen an das Grab heran, die Männer im besten Anzug, die Frauen im traditionellen Kostüm. Stumm stehen sie auf dem Gummiband, die Gesichter starr. Dann steigen sie die Stufen in eine hell erleuchtete Halle empor. In Dreierreihen schreiten die Menschen zu einer zwölf Meter hohen Statue von Kim Il-sung vor. Ihr Marmor leuchtet weiß vor einem rot glimmenden Horizont, leise Musik weckt Emotionen. Die rundlich-weiche Steinfigur blickt in väterlicher Pose wohlwollend auf das Volk herab: Untertanen vor ihrem Führer, Gläubige vor ihrem Herrn.

Marmortreppen führen zu einer Luftschleuse. Die nächste Halle ist feucht, kühl und abgedunkelt. Dort wartet der Sarg mit dem präparierten Leichnam unter einem großen Glaskasten. Gesicht und Hände leuchten wächsern im Lampenlicht. Roter Samt und brauner Marmor geben würdevolle Atmosphäre. Soldaten regulieren das Tempo der Menschen, die um den Sarg schreiten. Auf jeder Seite verbeugen sie sich tief. Frauen schluchzen, Männer trocknen sich die Augen. Jeder wirkt bewegt und gerührt nach der Begegnung mit dem Leichnam des Mannes, der Nordkorea gründete und mehr als vierzig Jahre führte.

In der nächsten Halle, dem Tränensaal, schmücken riesige Bronzereliefs die Wände: Eine wehende Fahne mit einem Porträt von Kim Il-sung, die Konturen von weinenden Menschen, die an die Szenen der Massentrauer beim Staatsgräbnis erinnern sollen. Mitarbeiter des Mausoleums schildern den Besuchergruppen die Bedeutung von Kim Il-sung. Auch als Deutscher bekommt man die Übersetzung aus einem kleinen Hörgerät in der eigenen Sprache geboten: „Präsident Kim Il-sung ist der Gründer des sozialistischen Korea und hat damit eine neue Welt geschaffen, in der das Volk als das Größte betrachtet wird. Er ist die Sonne der Menschheit", heißt es auf dem Band. „Er sorgte bis zum letzten Tag seines Lebens für unser Land, erhellte die Zukunft der Revolution, so wie die Sonne scheint und der ganzen Natur Licht und Wärme gibt."

Die grenzenlose Verehrung der „Sonne" Kim Il-sung beeindruckt jeden Besucher Nordkoreas und lässt ihn zugleich über das Verhältnis der Koreaner zu ihrem verstorbenen Führer rätseln. Nirgendwo erhöht man den Staatsgründer mit soviel Pomp und Pathos wie in Nordkorea. Dabei steht für viele Kritiker das Ausmaß der Vergötterung von Kim Il-sung im umgekehrten Verhältnis zu seinen geschichtlichen Verdiensten. Für sie gleicht Nordkorea nach fünfzig Jahren Herrschaft der Kim-Familie in jeder Hinsicht einer Wüste. Der Boden ist so ausgelaugt, dass eine größere Wetterschwankung sofort eine Dürre oder eine Flut verursacht. In den meisten Fabriken stehen die Maschinen still, Rohstoffe wie Kohle und Zement werden exportiert. Das Essen reicht nicht zum Sattwerden, dauernd fällt der Strom aus. Permanenter Drill hat die Menschen gefügig wie Marionetten gemacht, die totale Isolation vom Ausland hat sie in eine Phantasiewelt entrückt. Sie wähnen sich umzingelt von Feinden und leben unter dauernder militärischer Mobilmachung. Durch die langjährige Mangelernährung sind die Menschen kleinwüchsig, Sechsjährige sehen aus wie Dreijährige. Der Mangel an Vitaminen und Spurenelementen behindert die Entwicklung der Intelligenz – deshalb lassen sie sich noch leichter manipulieren. Die hohe Arbeitsbelastung führt zu einer Dauerermüdung, die den Menschen ins graue Gesicht geschrieben ist. Im gesellschaftlichen Leben herrscht intellektuelle Leere, weil alles auf den Führer zurück- und von ihm ausgeht. Jeden Tag ziehen Millionen hinter roten Fahnen her zum Arbeiten aufs Feld. Die Auslagen der Geschäfte sind leer, in den Bibliotheken stehen nur Bücher, die von den Kims handelns oder von ihnen geschrieben sind. Das medizinische und technische Wissen ist bis zu 40 Jahre alt.

Trotz verlorenen Kriegs war Nordkorea dem südlichen Bruderstaat anfangs technisch und wirtschaftlich voraus. Der Wiederaufbau nach der nahezu totalen Zerstörung im Krieg gelang, die Hauptstadt Pjöngjang beeindruckte durch saubere Straßen und relativ moderne Bauten. Meist hatte die Mehrheit der Einwohner genug zu essen, es gab Arbeit und Wohnungen. Die Gleichstellung von Männern und Frauen wurde gefördert und es wurde in Bildung investiert. In Bereichen wie der Raketentechnik gehört Nordkorea bis heute zu den führenden Nationen.

Aber diese Errungenschaften verblassen angesichts des Niedergangs Nordkoreas seit Mitte der 80er Jahre. Das Ende des Ostblocks ließ auch die Totenglocken für Pjöngjang läuten, jahrelang diskutierten die politischen Experten in aller Welt über das bevorstehende Ende von Nordkorea. Entgegen allen Erwartungen existiert das Land weiter. Und Kim Jong-il, der Sohn des Staatsgründers, sitzt fest im Sattel. Warum lagen die Kenner so falsch? Selbst die Wirkung von fünfzig Jahren Isolierung und Propaganda scheint als Argument nicht auszureichen, warum viele Nordkoreaner ihren Großen Führer in gottgleiche Höhe gehoben haben. Die Verehrung hat zwar längst Ritualcharakter: Hochzeitspaare lassen sich vor seiner Statue fotografieren, die Monumente werden täglich von Freiwilligen gefegt, geputzt und poliert. Aber hinter diesem Führerkult steckt wohl mehr als nur permanente Gehirnwäsche. Auch wenn der entscheidende Stabilitätsfaktor der allgegenwärtige Sicherheitsapparat ist, der jede Regung wider das System im Keim erstickt: Dem Kimismus muss es gelungen sein, verborgene Seiten der koreanischen Seele für sich zu gewinnen, auszubeuten und zu manipulieren. Zu diesen Seiten gehören die auf der koreanischen Halbinsel tief verwurzelte Sehnsucht nach der starken und unabhängigen Nation, die konfuzianische Tradition der koreanischen Geschichte, die historischen Erfahrungen einer absoluten, zentralistischen Monarchie und der quasi-religiöse Charakter der Kim-Lehre. Aus diesen vier Faktoren besteht der spezifische Kitt, der die nordkoreanische Diktatur Nordkorea zusammenhält.

Koreanischer Stalinismus, koreanischer Korporatismus, Feudal-Sozialismus, Steinzeit-Kommunismus, Kimilsungismus, Kimismus – die Schlagwörter versuchen die komplexe ideologische Basis von Nordkoreas politischem System zu erfassen. Ursprünglich sowjetische Merkmale haben sich so mit koreanischen Eigenheiten vermischt, dass man sie nicht mehr klar unterscheiden kann. Selbst die Autoren des „Schwarzbuch des Kommunismus" sind sich nicht hundertprozentig sicher, ob Nordkorea ein sozialistischer Staat ist, und zeigen sich verwirrt über die Kim-Mythologie, „die ihre Untertanen glauben machen soll, der Himmel und die Erde stünden in innigem Einvernehmen mit dem Herrn". Sie zitieren nordkoreanische Meldungen über geheimnisvolle Phänomene in der Natur – über plötzlichen Nebel, der den Führer vor dem Feind schützt, oder über Regenbogen, die am Jahrestag seines Todes über Statuen erscheinen. Die Einteilung der Bevölkerung in mehr als fünfzig soziale Gruppen sei „strenger als das indische Kastensystem", merkt das kommunismuskritische Werk irritiert an. Auch die Verbannung von Behinderten und das Fortpflanzungsverbot für sie widerspreche der marxistisch-leninistischen Theorie.

Immerhin finden sich in Nordkorea auch viele klassische Kennzeichen des sowjetischen Kommunismus, in dessen Zeichen das Land gegründet wurde: Eine rote Flagge, eine Arbeiterpartei, ein Politbüro mit einem Generalsekretär und jede Menge Genossen, ein Symbol mit Hammer und Sichel (und einem Schreibpinsel), enteignete Grundbesitzer, im Kollektiv lebende Menschen, eine gelenkte Wirtschaft. Auch bei Mao hat man sich bedient: Nordkoreas Arbeiterpartei liebt Kampagnen und „große Sprünge", die Bauern sind in Kommunen organisiert. Außerdem finden sich frühkommunistische Vorstellungen, meint Hans Maretzki, der letzte Botschafter der DDR in Pjöngjang, darunter „die kollektivistische Organisation des gesellschaftlichen Lebens, utopische Ideen von der ideellen Motivation zur Arbeit, auch solche über das Gleichmachen der Menschen und über die Unterordnung des Individuums unter die gesellschaftlichen Allgemein-interessen".

Seit Mitte der 50er Jahre haben Kim Il-sung und seine Ge-folgschaft eine eigene nordkoreanische Weltanschauung ent-wickelt, die sich inhaltlich von ihren sowjetischen Vorgaben weit entfernt hat. Sie firmiert unter dem Etikett Juche und ist gleich-zeitig Kampfbegriff und Leitlinie, Philosophie und Programm. Ihr offizielles Symbol ist der 170 Meter hohe Granitturm am Ufer des Flusses Taedong, mit einer zwanzig Meter hohen rot bemalten gläsernen Fackel an der Spitze, die nachts zum Zeichen der siegreichen Revolution über der Hauptstadt Pjöngjang leuchtet – wenn der Strom dafür reicht.

Der Begriff Juche lässt sich mit „Eigenständigkeit" oder „Selbständigkeit" übersetzen. Juche ist die staatstragende Welt-anschauung für Nordkorea mit der Unabhängigkeit als zentralem Gedanken. In Artikel 3 der Verfassung heißt es: „Nordkorea wird in seinen Aktivitäten von der Juche-Idee geleitet, ein auf den Menschen zentrierter Ausblick auf die Welt, eine revolutionäre Ideologie, um die Unabhängigkeit der Volksmassen zu errei-chen." Juche ist auch in den Statuten der Kommunistischen Par-tei verankert, eigentlich müsste sie deshalb Juche-Partei heißen. Eine Person, die nicht an Juche glaubt, ist im nordkoreanischen Sinn wertlos, ein Staat ohne Juche die Kolonie einer fremden Macht. Juche ist eine nationalistische Heilslehre. Sie fungiert als Nordkoreas ideologischer Schutzschild, den es zur Abwehr der Wirklichkeit ständig hochhält. Als geschlossenes Denkgebäude liefert Juche der herrschenden Elite Doktrinen und Dogmen, die jede Kritik im Keim ersticken.

Eine Möglichkeit, Juche zu verstehen, ist der Vergleich mit seinem Gegenteil Sadaeju-ui. Der Ausdruck bedeutet wörtlich „den Großen dienen" und beschrieb im späten Mittelalter das Verhältnis Koreas zum dominanten China. Später bekam das

Wort einen abfälligen Beigeschmack und wurde benutzt, um die lakaienhafte Unterwürfigkeit der Koreaner gegenüber ausländischen Mächten zu verurteilen. Juche dagegen steht für Unabhängigkeit und Handlungsfreiheit von äußeren Einflüssen. Das Symbol von Sadaeju-ui waren die Tributzahlungen der koreanischen Könige an den chinesischen Kaiser. Die Wirkung von Juche äußert sich dagegen darin, dass die Welt Nordkorea und seinem Großen Führer Kim Il-sung Geschenke macht. Für diese modernen „Tribute" hat Nordkorea eigens ein Museum gebaut, als Beweis für die vermeintliche weltweite Wertschätzung der eigenen Unabhängigkeit. In dem riesigen Gebäude im schönen Myohyang-Gebirge, der mythischen Heimat des ersten koreanischen Königs, feiert Nordkorea seinen Großen Führer, indem es sämtliche Geschenke von ausländischen Gästen an ihn ausstellt: Knapp 60 000 sind es in 60 Sälen, nach Kontinenten und Ländern geordnet, darunter Mitbringsel von Erich Honecker, Otto Grotewohl und Wilhelm Pieck. In einem neuen, kleineren Gebäude wird diese Darbietung fortgesetzt, dort stellt man die Geschenke für Kim Jong-il aus. Dieses Denken hat Methode: Nicht nur die Gastpräsente von ausländischen Besuchern, selbst die internationale Hilfe für das hungergeplagte Nordkorea werden von der Propaganda gerne als indirekte Tributzahlung an den jetzigen Führer dargestellt. Wer wie Deutschland Rindfleisch nach Nordkorea schickt, leistet nach dieser Logik keine Nächstenliebe, sondern zollt lediglich der Bedeutung und Macht von Nordkorea seine Anerkennung.

Nach außen hin funktioniert Juche wie das ideologische Rückgrat eines neuen koreanischen Selbstbewusstseins: Wir lassen uns nicht (mehr) herumschubsen, ist das neue Motto dieses stolzen Volkes, deshalb machen wir uns so unabhängig wie möglich. Das war und ist eine Botschaft, die viele Koreaner – nicht nur im Norden – bis heute hören wollen. Juche spricht die tiefe

Sehnsucht der Koreaner nach Selbstbehauptung aus – die Folge von Jahrhunderten ausländischer Abhängigkeit und Unterdrückung. Chinesen, Russen und zuletzt die Japaner haben Korea immer wieder angegriffen oder unterworfen. Die Koreaner litten still und wehrten sich nur selten. Die Juche-Doktrin wirkt wie Balsam auf die geschundene Seele Koreas. Vor der eigenen Bevölkerung halten Vater und Sohn Kim geheim, dass ihr Land – entgegen der offiziellen Lehre – wirtschaftlich völlig abhängig ist, früher mehr von Russland, heute mehr von China. Ein ironisches Symbol für diese Verlogenheit: Selbst das Herzstück des Juche-Turms, das Wahrzeichen der Lehre, ist keineswegs vollständig „Made in North Korea": Den Aufzug lieferte die japanische Firma Hitachi.

Letztlich sind Marxismus und Nationalismus jedoch nur die Verpackungen für den eigentlichen Kern des Kimschen Denkens und der Kimschen Praxis: den Führergedanken. Dazu wurde eine logische Kette konstruiert: Nordkorea ist mit Juche im Besitz der Wahrheit, es hat den Schlüssel zum Fortschritt der Menschheit. Der Fortschritt liegt in der Revolution. Hüterin dieses Wissens ist die Partei. Die Partei ist das Instrument des Führers. Die Massen brauchen diesen Führer. „Der Führer hat einen absoluten Status, den man mit niemandem im revolutionären Kampf vergleichen kann", so erklären es die einheimischen Juche-Experten und propagieren den „revolutionären Blick des Führers". Individuen mit diesem Blick gebe es so selten, heißt es in Juche-Texten, dass „die Völker neidisch auf das koreanische Volk sind und es das Volk nennen, das mit einem Führer gesegnet ist".

Die Juche-Lehre besagt, dass Staat und Gesellschaft nur nach dem Führer-Prinzip stabil und erfolgreich zu lenken sind. „Wie das Gehirn das Lebenszentrum des Menschen ist, so ist der Führer als das höchste Hirn des Kollektivs das Zentrum des sozialen und politischen Lebens. Die Volksmassen werden aufgefordert, sich mit diesem konkurrenzlosen, unfehlbaren und allwissenden Führer zu identifizieren", schreibt die südkoreanische Politologin Lee Eun-Jeung und fasst das Ergebnis so zusammen: „In der Praxis ist die Überhöhung, Monumentalisierung und Mythologisierung des obersten Führers im Vergleich zu allen historischen Erfahrungen dieser Art unübertroffen." Das Führerprinzip führt automatisch zur unumschränkten Herrschaft eines Einzelnen. Der individuelle Mensch spielt trotz seines angeblich freien Willens keine Rolle.

Die nationalistischen Gedanken der Juche-Philosophie stießen in Nordkorea auch deshalb auf offene Ohren, weil der Korea-Krieg bereits ein Gefühl der Zusammengehörigkeit hervorgerufen hatte. Nordkorea ist bis heute stolz darauf, die kriegerische Auseinandersetzung mit der technisch am höchsten entwickelten Nation überstanden zu haben. Die Führung interpretierte die Invasion der UN-Truppen in sein Terroritorium als den amerikanischen Versuch, ein vereintes Korea zu verhindern. So traumatisch wie der innerkoreanische Krieg gewesen sei, meint der US-Politologe Selig S. Harrison, so stark sei heute der Nationalismus in Nordkorea. Kim Il-sung gelang es, sich selbst als den Verteidiger der koreanischen Ehre und Souveränität darzustellen. Der typische nationale Held in Nordkorea ist deshalb ein „Märtyrer", der von einem Ausländer getötet wurde. Eines der größten Monumente Nordkoreas ist der Heldenfriedhof in Pjöngjang mit seiner endlosen Zahl von bronzenen Köpfen auf Grabsteinen aus Granit. Der Friedhof soll die Koreaner daran erinnern, dass ihr Land seit Jahrhunderten ein Opfer ausländischer Feinde ist.

Pjöngjang weist immer wieder daraufhin, dass der eigentliche Konflikt nicht zwischen Nord- und Südkorea bestehe, sondern zwischen Korea und ausländischen Mächten. Kim Myong-chol vom Zentrum für Koreanisch-Amerikanischen Frieden in Tokio, der als inoffizieller Sprecher Nordkoreas gilt, sagte wörtlich:

„Kim Jong-il ist kein Sozialist. Er ist zuallererst ein koreanischer Nationalist, zweitens ein koreanischer Nationalist, drittens ein koreanischer Nationalist und auch viertens ein koreanischer Nationalist. Erst an fünfter Stelle ist er Sozialist, an sechster vielleicht Kommunist. Die wichtigste Eigenschaft von Kim Jong-il ist: Er ist ein Nationalist."

Seine nationalistischen Ziele verfolge Kim Jong-il mit einer dreiteiligen Militärstrategie: „mit einer Armee, die sich wie ein Igel verteidigt, mit einem atomaren Potential so tödlich wie ein Skorpion und mit genug Raketen, um wie eine Hornisse zuzustechen". Diese Strategie gehe zwar auf Kosten der Wirtschaft, aber sie habe die gewünschten Ergebnisse gebracht. Nordkorea sei heute nach den USA, Russland und China die vierte Interkontinental-Raketenmacht, der kleine Bergstaat könne einen atomaren Angriff überleben und mit seinen Raketen zurückschlagen – sagt Kim Myong-chol. Mit Atomwaffen klingt die Drohung, die südkoreanische Hauptstadt Seoul zu vernichten, die nur fünfzig Kilometer hinter der innerkoreanischen Grenze liegt, noch glaubwürdiger. Nordkorea ist ein atomar bewaffneter Geiselnehmer der zwölf Millionen Einwohner von Seoul – und der 37 500 Mann starken US-Truppen, die hinter der innerkoreanischen Grenze stehen.

Konfuzius spricht

Der chinesische Gelehrte und Politiker Konfuzius entwickelte vor 3000 Jahren eine Ethik, die Regeln für das zwischenmenschliche Verhalten aufstellte. Als Konfuzianismus war diese Lehre viele Jahrhunderte lang chinesische Staatsdoktrin. Die koreanischen Königreiche waren konfuzianischer als China selbst. Korea gilt deshalb heute als das Land, das am meisten von Konfuzius beeinflusst wurde.

Auch Kim Il-sung propagierte von Anfang an offensiv konfuzianische Werte. Dazu gehören Respekt der Kinder vor den Eltern sowie die Achtung der Alten durch die Jungen, Unterordnung der Frau unter den Mann, Beachtung der hierarchischen Ordnung in Familie und Gesellschaft sowie die Verpflichtung der Väter und politischen Führer zu Güte und Wohlwollen. Konfuzius lehrt: Ein Führer, der ein offenes Ohr für die Wünsche seines Volkes hat, bekommt gehorsame Anhänger. In der Propaganda werden Kim Il-sung und sein Sohn Jong-il deshalb ständig als gütige Väter der Nation gezeigt, die Nation selbst wird mit einer Familie verglichen. Wenn Nordkoreas Führer die Unterstützung der Massen verlangt, benutzt er die Metaphern, die ein Patriarch in seiner koreanischen Familie anwendet. Auf diese simple Weise will das Regime die Pflicht des Koreaners, seinen Vater zu lieben und sich seinen Wünschen unterzuordnen, auf die Nation und ihren Führer übertragen.

Unter der japanischen Kolonialherrschaft entwickelten junge Koreaner eine doppelte Persönlichkeit. In der Familie dominierten die konfuzianischen Werte, während unter der Oberfläche nationalistische Gefühle des Aufbegehrens gegen die etablierte Ordnung kochten. Ein Grund für Kim Il-sungs Erfolg als Führer war seine Fähigkeit, diese beiden Strömungen zusammenzuführen, meint der südkoreanische Konfuzius-Experte Kang Ho-suk: „Der Familiarismus der alten koreanischen Gesellschaft wurde in den Nationalismus von Nordkorea transformiert. Aus der Familie, die sich nach oben arbeiten wollte, ist eine Nation geworden, die etwas erreichen will. Der Wandel ist deutlich, aber nicht revolutionär, weil er innerhalb des alten konfuzianischen Rahmens erfolgte. Die Vater-Sohn-Beziehung der Familie wurde zur Beziehung zwischen dem väterlichen Führer und seinen kindlichen Untertanen, aus der Bruder-Bruder-Beziehung wurde die brüderliche Kameradschaft in der Gesellschaft."

Der ideale Führer im konfuzianischen Ethos regiert durch die moralische Kraft seines vorbildlichen Verhaltens und durch die Weisheit seiner Lehre. Der Führer gibt seine Wahrheiten an das Volk weiter, das sie auswendig lernen muss, damit es sich korrekt verhalten kann. Kim Il-sung benutzte – wie viele koreanische Könige zuvor – brutale Gewalt, um seine Macht zu erringen und zu festigen. Dennoch akzeptierten weite Teile des Volkes seine Herrschaft, weil ihre Erziehung sie darauf vorbereitet hatte, die Aussagen des Führers als Wahrheit anzuerkennen.

In seiner sechsbändigen Autobiographie stellte Kim Il-sung sein konfuzianisch vorbildliches Verhältnis zu seinen eigenen Vorfahren heraus. Sein Vater sei ein revolutionärer Märtyrer gewesen, sein Großvater habe als Offizier am Kampf gegen das US-Handelsschiff „General Sherman" teilgenommen, das Korea zur Öffnung zwingen wollte. Seine Mutter habe ihn auf ihrem Totenbett gebeten, erst die Japaner aus dem Land zu jagen, bevor er ihr Grab besuche, was eigentlich seine Aufgabe als Sohn gewesen wäre. Mit solchen Berichten unterstrich Kim Il-sung seine Bereitschaft zur Selbstaufopferung, weil er die Nation über die Familie stellte.

Aus dieser konfuzianischen Tradition heraus lässt sich auch die dreijährige Trauerzeit nach dem Ableben des Vaters verstehen: Kim Jong-il wollte so verdeutlichen, dass er ein perfekter koreanischer Sohn war. Er verhinderte dadurch, dass sein Anspruch auf Führung und Nachfolge in Frage gestellt wurde. Seine Sohnespflicht erklärt auch, warum Kim Jong-il den Vater inzwischen in das Pantheon der koreanischen Regenten erhoben hat und ihn mit Dangun, dem mythischen Gründer des koreanischen Reiches, vergleichen lässt.

Der Sonnenkönig

Einige Korea-Experten erinnert die absolute Macht von Nordkoreas Führern an die mittelalterlichen Monarchen auf der koreanischen Halbinsel. Nordkorea ähnele nicht dem stalinistischen Russland, sondern gleiche eher einem neo-konfuzianischen Königreich, meint zum Beispiel Bruce Cummings, Historiker an der Universität Chicago. Von Anfang an habe Kim Il-sung sich in dieser koreanischen Tradition darzustellen versucht. Schon vor der Machtergreifung erschienen die ersten Propaganda-Berichte, die ihn als die „Sonne der Nation" bezeichneten, als „wunderschönen neuen roten Stern am Himmel". Später wurde er zum „großen Zentrum", „großartigen Herz" und „obersten Gehirn" der Nation. Koreaner hätten immer geglaubt, so Cummings, dass der Brunnen der Weisheit in einer außergewöhnlichen Person, einem König oder Führer, entspringe. Diesen Glauben habe Kim Il-sung für sich ausgenutzt.

Die beiden Kims betonen stets den geschichtlichen Ursprung ihres Reichs: Unter den fünf heiligen Bergen im Myohyang-Gebirge soll Dangun geboren sein, so geht die Legende, als Sohn einer Bärin und des Himmelsohnes Hwanwung. Das Volk fand dieses Kind vor einer Höhle und machte es zu seinem König. Vor mehr als viertausend Jahren gründete Dangun in der Nähe von Pjöngjang das Choson-Reich, das „Land der Morgenstille". Sein Reich existierte angeblich zweitausend Jahre. Dangun selbst wurde fast genauso alt, bevor er sich in einen Berggeist verwandelte. Von diesem Mythos zog Kim Il-sung eine geschichtliche Verbindung zu seiner eigenen Herrschaft: Nordkorea heißt offiziell „Demokratische Volksrepublik Choson". Von den drei Königreichen Goguryeo, Silla und Baekje, die im Mittelalter auf der koreanischen Halbinsel entstanden, sieht sich Nordkorea in der Tradition von Goguryeo, analysiert der Historiker Bruce Cummings. Dessen Gründer Jumong stellte sich als Himmelssohn und Sonnenkönig dar. Nordkoreas Staatschef Kim Il-sung bezeichnete sich selbst als Suryong, ein Ausdruck der Goguryeo-Zeit für „höchster Führer" – eine von vielen Verbindungen, die Kim vom Altertum bis in die Neuzeit zog, um als neuer Sonnenkönig in die koreanische Geschichte einzugehen. Von seinem Sohn Kim Jong-il behauptet die Propaganda, dass er auf dem Berg Paekdu geboren sei, jenem Berg an der heutigen Grenze zu China, der als mythischer Ursprung des Goguryeo-Reiches und als Ursprung der koreanischen Halbinsel gilt. Der königliche Palast des Urkönigs Dangun soll in der Nähe von Pjöngjang gestanden haben. In diesem Zusammenhang ist es fast erstaunlich, dass nordkoreanische Archäologen im September 1993 das Grab dieses mythischen Königs in der Umgebung von Pjöngjang tatsächlich freilegten. Für die Propaganda ein Beweis dafür, dass Korea eine homogene Nation ist, die das gleiche Blut und die gleiche Kultur durch ihre lange Geschichte getragen hat. Das gefundene Schambein von Dangun sei ungewöhnlich groß, behauptete man, sozusagen als Beweis für die koreanische Lendenkraft, die das Volk bis in die Gegenwart erhalten habe.

Kim Il-sungs nächstliegendes Vorbild war das Kaiser-Reich in Japan, das Korea kolonisiert hatte. In Japan war der Kaiser der politische Vater der Nation, die Menschen fühlten sich derselben ethnischen Gruppe zugehörig, die historische Kette führt vom ersten Kaiser, der von der Sonnengöttin abstammte, bis zum gegenwärtigen Thronfolger. Jeong Do-jeon, Politiker und Reformer im frühen Choson, schrieb: „Der Geist des Königs ist die Grundlage der Regierung." Für den chinesischen Denker Zhu Xi, der im 11. Jahrhundert den Neo-Konfuzianismus entwickelte, entsprach der Geist des Königs dem Gebieter des politischen Körpers. Die koreanischen Philosophen der Choson-Zeit orientierten sich an seiner Lehre. Diese neo-konfuzianische Tradition übernahm Kim Il-sung in seine Juche-Philosophie. Nordkoreas Ideologie ist, so Cummings, „Neo-Konfuzianismus in einer kommunistischen Flasche oder Zhu Xi im Mao-Anzug". In der Psyche vieler Nordkoreaner hat Kim Il-sung auf dem Thron Platz genommen, der seit Ende des 19. Jahrhunderts wegen der japanischen Kolonialherrschaft verwaist war. Er war charismatisch genug, um den Koreanern in seinem Landesteil das Gefühl zu geben, ihre Existenz sei nicht so sinnlos, wie es die an Korea grenzenden Mächte immer behauptet hatten.

Die nordkoreanische Dreifaltigkeit

Als Ausländer in Nordkorea erkennt man eine interessante Parallele zu Europa: In vielerlei Hinsicht erinnert der Kimilsungismus an das mittelalterliche Christentum. Nordkorea sei eine Religion und keine Nation, als Westler fühle man sich dort wie ein Atheist auf einer Versammlung von Evangelisten, schrieb ein westlicher Beobachter vor Jahren. Viele Nordkoreaner würden wie echte Gläubige einer nationalen Religion wirken, von denen sich niemand um die wenigen Ungläubigen schere, die eingesperrt, gefoltert und getötet würden, so wie in Europa die Hexen. Genau wie evangelikale Sekten würden sich auch die Nordkoreaner auf sich selbst konzentrieren, in derselben festen Überzeugung, auf diese Weise ihre Glaubensgrundsätze rein zu halten. Dieser Vergleich lässt sich noch weiter treiben: Die Heilige Dreifaltigkeit in Nordkorea besteht aus Kim, dem Vater, Jong-il, dem Sohn, und Juche, dem Heiligen Geist. Die ständige Wiederholung der Juche-Glaubenssätze hat bei vielen Nordkoreanern längst den Charakter von Litaneien angenommen. So wie die Gläubigen im Mittelalter akzeptierten, dass die Kirche mit ihrem Geld nicht die Armen speiste, sondern teure Kathedralen errichtete, so lassen es sich die Nordkoreaner gefallen, dass das nationale Vermögen für nutzlose Monumente und Vorzeigebauten zu Ehren der Kim-Dynastie verschwendet wird.

Wenn Nordkoreaner über Kim Il-sung sprechen, dann benutzen sie häufig das Wort „urora patta", was wörtlich „hochblicken und empfangen" bedeutet, beobachtete der Politologe Selig Harrison. Dasselbe Wort benutzen südkoreanische Christen in der Liturgie, wenn sie von Jesus sprechen. Die im „Schwarzbuch des Kommunismus" zitierten Wunderberichte passen ebenso in dieses Bild. Und so wie das Christentum das Geburtsjahr des Messias zum Beginn einer neuen Zeitrechnung machte, so hat auch Nordkorea einen eigenen Kalender eingeführt, der mit dem Geburtstag des Großen Führers beginnt, dem 15. April 1912, und nach seiner Juche-Lehre benannt ist. Eine weitere Parallele: Die ärmliche Blockhütte, in der der „Geliebte Führer" Kim Jong-il angeblich geboren wurde, ist heute ein Pilgerort – wie der Stall eines koreanischen Bethlehems, das von Genossen, Kindern und Soldaten besucht wird. Die Propaganda beschreibt die Geburt von Kim Jong-il so ähnlich wie die Bibel die Ankunft Jesu Christi: „Im hellen Licht der ‚Großen Sonne' (gemeint ist Kim Il-Sung) erschien ein Leitstern (Kim Jong-il) in atemberaubender Schönheit über dem Berg Paekdu." Der heutige Führer wird als „zeitgenössischer Gott" dargestellt, so zitiert der Korea-Forscher Marcus Noland nordkoreanische Texte. Kim Jong-il sei „Christus in der Liebe überlegen, Buddha in der Güte, Konfuzius in der Tugend und Mohammed in der Gerechtigkeit" – er sei „Retter der Menschheit".

Dennoch lassen sich Christentum und Nordkorea keineswegs gleichsetzen – selbst die mittelalterliche Kirche konnte ihre Anhänger nicht so umfassend kontrollieren, wie es der nordkoreanische Sicherheitsapparat heute tut. Deshalb ist schwer zu beurteilen, wieviele Gläubige vom Kimilsungismus abfallen würden,

wenn der Verehrungs-Zwang nachließe oder gar wegfiele. Die Parallelen zwischen christlichem Messianismus und Kimilsungismus sind jedoch offenkundig. Kim Il-sung sagte selbst, dass ihn christliche Ideen in der Kindheit beeinflusst und geprägt haben. Während der japanischen Kolonialzeit (1895–1945) waren amerikanische Missionare der einzige Kontakt der Koreaner mit der Außenwelt. Kims Vater studierte an einer Akademie in Pjöngjang, die von einem amerikanischen Missionar betrieben wurde. Seine Mutter war in einer presbyterianischen Kirche aktiv, als die Familie in der Mandschurei lebte. Kim Il-sung selbst besuchte eine Bibelschule. Der südkoreanische Priester Kwon Ho-hyung berichtete Selig Harrison von einem langen persönlichen Gespräch mit Kim Il-sung: „Kim verstand die messianischen Themen in der christlichen Doktrin, er regierte sein Land wie ein religiöser Führer und stellte sich selbst als väterlicher Hirte seines Volkes dar. Man hat oft gesagt, dass er feudale Traditionen und den konfuzianischen Respekt für Autorität benutzt hat. Aber ein weitere Grund für seine Effektivität und die Langlebigkeit seiner Herrschaft war, dass er seine eigene Religion gegründet hat."
Kim Il-sungs eigene christliche Prägungen haben ihn vielleicht von der Notwendigkeit überzeugt, den kalten Klassenkampf von Marx und Lenin durch eine emotional überzeugendere Ideologie zu ersetzen. Immerhin betont Juche den freien Willen des Menschen und lobt die Tugend der Aufopferung für die Allgemeinheit.

Viele Kenner der koreanischen Religiösität verweisen auf die schamanischen Wurzeln der Kultur. Der Glaube an übernatürliche Kräfte, die den Menschen mit der Natur verbinden, ist tief in den Menschen verwurzelt. Die Herrscher des alten Koreas waren gleichzeitig Schamanen-Könige. In dieser Weltsicht sind Menschen wie Noten in der Melodie der Natur. Der Mensch existiert, bevor er geboren ist, und lebt nach dem Tod weiter. Das Leben ist aus dem Vollen zu leben, alle Energie ist einzusetzen. Deshalb betreiben die Koreaner immer alles mit viel Einsatz. Koreaner sind konfuzianischer als die Chinesen, in Korea gibt es die meisten christlichen Sekten, ihr Wirtschaftswunder haben sie in kürzester Zeit geschafft. Beim Personenkult für Kim Il-sung haben sie Stalin und Mao eben auch weit übertroffen. Die Verehrung für Kim Il-sung ist in vielen Fällen echt und wird wirklich gefühlt. Zum Beispiel vom Übersetzer einer humanitären Hilfsorganisation in Pjöngjang. Dieser nachdenkliche Mann, der im Ausland studiert hat, sagte dem Autor: „Ich bin kein religiöser Mensch. Aber wenn es einen Gott geben sollte, dann ist er es für mich."

3. Nukleare Vorgeschichte(n)

Fernsehzuschauer in aller Welt kennen inzwischen die alten Aufnahmen der nordkoreanischen Atomfabrik Yongbyon, mit denen die TV-Sender ihre Berichte über den Atomstreit mangels Alternative immer wieder bebildern müssen. Die Bilder entstanden, als UN-Inspekteur Hans Blix – inzwischen berühmt wegen der Inspektionen vor dem zweiten Irak-Krieg – das Gelände 1994 in Augenschein nahm. Die umzäunte und von Artillerie geschützte Anlage liegt etwa hundert Kilometer nordöstlich der Hauptstadt Pjöngjang. In den wenigsten Fernsehberichten werden die koreanischen Lettern „Charyok kaeng-saeng", die auf das Dach des Gebäudes gepinselt sind, übersetzt. Der ursprünglich maoistische Ausdruck bedeutet wörtlich „Erneuerung durch eigene Anstrengung" oder kürzer „Eigenständigkeit". Autarkie war von Anfang an die nordkoreanische Rechtfertigung für die Atomanlage von Yongbyon: Statt importiertem Öl und einheimischer Kohle sollte die eigene Wirtschaft auch beim Strom sich selbst genügen, weil das Land auf diese Weise seine großen Uranreserven nutzen kann. Das Problem: Bei der Spaltung von Uran entsteht Plutonium – der ideale Stoff für Atombomben.

Schon 1962 nahm Nordkorea einen kleinen sowjetischen Forschungsreaktor in Betrieb. Seit 1977 durfte die Internationale Atomenergie-Organisation diesen Reaktor überwachen. Kurz darauf, wahrscheinlich 1979, begann der Bau des 5-Megawatt-Reaktors von Yongbyon. Dieser Gas-Graphit-Reaktor nach dem Vorbild eines britischen Kraftwerks aus den 50er Jahren wurde zunächst mit sowjetischer und später mit chinesischer Hilfe errichtet. 1987 ging das Kraftwerk ans Netz. Es soll jährlich etwa sieben Kilogramm Plutonium erzeugen. Niemand kümmerte sich zunächst darum. Selbst die Wiener UN-Atominspekteure tauchten nicht auf, weil Nordkorea die notwendige Untersuchung nicht fristgerecht beantragt hatte. 1989 beobachteten US-Spionagesatelliten, dass der kleine 5-Megawatt-Brüter für siebzig Tage ausgeschaltet wurde, um die Brennstäbe zu erneuern. Die Kameras am Himmel über Nordkorea entdeckten neben dem Kraftwerk noch eine neue Industrieanlage – etwa 200 Meter lang und mehrere Stockwerke hoch. Darin vermutete man eine Fabrik, um aus abgebrannten Uran-Stäben Plutonium zu extrahieren. Schließlich identifizierte man bei Taechon ein weiteres Atomkraftwerk, das sich im Bau befand. Die Leistung wurde auf bis zu 200 Megawatt geschätzt. Außerdem baute Nordkorea in Yongbyon seit 1984 an einem 50-Megawatt-Reaktor. Falls diese beiden großen Atommeiler in Betrieb gingen, würden sie jährlich rund zweihundert Kilogramm Plutonium erbrüten – genug für etwa 30 Atombomben. Insgesamt sollen dreitausend nordkoreanische Wissenschaftler an dem Atomprogramm arbeiten. Viele davon haben in Russland, China und Pakistan studiert.

Die internationale Nicht-Wahrnehmung dieser Atomanlagen änderte sich erst mit dem Zerfall der Sojetunion und dem ersten Golfkrieg. Aus amerikanischer Sicht war Nordkorea immer ein abtrünniger Staat gewesen, der sich nicht an die internationalen Spielregeln hielt. Nach dem Untergang der Sowjetunion hielten es die USA, als einzige verbliebene Weltmacht, für notwendig, Nordkorea stärker zu überwachen. Allerdings waren sich die Experten von Anfang an nicht einig, wie groß die atomare Herausforderung durch Nordkorea war. Nordkorea selbst bestritt zunächst, dass es die Absicht oder die Fähigkeit habe, Atombomben zu bauen. Um diese Behauptung glaubwürdiger zu machen, forderte das Land in den 80er Jahren immer wieder eine atomwaffenfreie Zone auf der Halbinsel. Allerdings hatte Nordkoreas Führer Kim Il-sung bei Geheimgesprächen mit Südkorea 1972 vorgeschlagen, die beiden Koreas sollten gemeinsam eine Atom-

bombe entwickeln. Und als die Sowjetunion 1990 Südkorea aner-
kannte, sah Pjöngjang darin eine Verletzung des Beistandspaktes
mit Moskau. Deshalb sei man jetzt gezwungen, so erklärte das
Regime damals, gewisse Waffen selber zu entwickeln. Damit
konnten eigentlich nur Atomwaffen gemeint sein.

Es ist unklar, wann sich Nordkorea entschieden hat, eine ei-
gene Atombombe zu entwickeln. Vielleicht 1991 unter dem Eindruck der neuen Weltordnung, vielleicht aber auch schon früher.
Ein Vorbild bei der nordkoreanischen Entscheidung für die
Bombe ist möglicherweise Israel gewesen, spekuliert der Korea-
Experte Peter Hayes in seinem Buch „Pazifisches Pulverfass":
Wie Israel sei Nordkorea von übermächtigen Feinden umgeben.
Schon eine kleine Zahl von Bomben würde ausreichen, die Gegner von einem Angriff abzuschrecken. Wie Israel wollte Nordkorea der Welt signalisieren, dass man die Bombe besaß, ohne
dies öffentlich zu erklären. Keinesfalls durfte man seinen Geg-
nern ein handfestes Argument liefern, sich ebenfalls nuklear zu
bewaffnen. Nordkoreas Nachbarn Südkorea und Japan sind
zum Atombombenbau technisch jederzeit in der Lage.

Diese taktischen Überlegungen erklären möglicherweise auch,
warum die Atomanlage von Yongbyon oberirdisch gebaut wurde,
während die übrige militärische Infrastruktur nahezu komplett
unter der Erde versteckt ist. Nordkorea *wollte*, dass die übrige
Welt sein Atomprogramm „entdeckt" – und daraus die „richtigen" Schlussfolgerungen zieht. „Nordkoreas Politik war es immer, Südkorea und die USA mit seinem Atomwaffenprogramm
massiv unter Druck zu setzen, dadurch bekam das Regime ein
sehr teuflisches Image", kommentiert der südkoreanische Politologe Lee Jong-won, der in Tokio lehrt, das Vorgehen der Nordkoreaner. „Aber dieses destruktive Verhalten hat einen konstruk-
tiven Zweck. Auf diese Weise signalisiert Nordkorea nicht seine
Bereitschaft zum Angriff, sondern seinen Willen, die Beziehun-

gen zu normalisieren." Auch in der gegenwärtigen Atomkrise funktionierte dieses „Spiel" vor den laufenden Spionage-Kameras am Himmel perfekt: Frischer Rauch aus dem Schornstein zeigte das Wiederanfahren des Kraftwerkes an. Vorfahrende Lastwagen symbolisierten den Abtransport der plutoniumhaltigen Brennstäbe aus den Abklingbecken. Aufsteigendes Kypton 85 verdeutlichte den Beginn der Plutoniumproduktion, bei der dieses Gas entsteht.

Bis heute rätselt die Welt darüber, wieviel Bombenmaterial Nordkorea bereits hat. Die niedrigste amerikanische Schätzung beläuft sich auf 12 Kilogramm Plutonium, genug für ein oder zwei Bomben. Waffenexperten meinen sogar, für eine kleine Atombombe „mit einem Tötungspotential von mehreren zehntausend Menschen" reichten anderthalb bis drei Kilogramm Plutonium. Der südkoreanische Geheimdienst schätzt Nordkoreas Plutoniummenge auf 7 bis 22 Kilogramm, japanische Quellen sprechen von 16 bis 24 Kilogramm. Nach russischen Informationen, die das Magazin „Stern" 1993 publizierte, hat Nordkorea 56 Kilogramm Plutonium aus Russland geschmuggelt, genug für sieben bis neun Bomben. Der sowjetische KGB schrieb 1990 in einem Bericht über das nordkoreanische Atomprogramm, der im Juni 1994 von der Zeitung „Iswestija" nachgedruckt wurde: „In dem Forschungszentrum von Yongbyon ist die erste atomare Einheit fertig gestellt worden." Nordkorea habe auf einen Test verzichtet, so heißt es in dem Bericht weiter, damit es nicht als Atommacht entdeckt würde. Der amerikanische Geheimdienst CIA kam im Oktober 2003 in einem Bericht an den US-Kongress zu dem Schluss, Pjöngjang habe die „Technologie, aus dem Spaltmaterial Waffen herzustellen, gemeistert." Das Land sei nicht darauf angewiesen, die Waffen zu testen, um ihre Funktionsfähigkeit zu überprüfen oder zu beweisen. In den Augen der USA ist Nordkorea damit bereits eine Atommacht.

Nordkorea schürt darüber hinaus gezielt die Ängste der Amerikaner vor seinen Raketen, um den psychologischen Druck auf den Gegner zu erhöhen. Die 39 irakischen Scud-Raketen, die im ersten Golfkrieg in Israel einschlugen, riefen große Befürchtungen in den Nachbarländern hervor. Auch in der Raketenfrage entwickelte Nordkorea einen guten Sinn für das richtige Timing: Als Teil der Drohkulisse zu Beginn der ersten Atomkrise 1993/94 schoss man eine neue, stärkere Rakete in die Japanische See, die nach ihrem Abschussort „Rodong" benannt wurde. Sie traf das Übungsziel in 500 Kilometern Entfernung punktgenau. Das lenkte die internationale Aufmerksamkeit auf das große nordkoreanische Raketenpotential: Nordkorea hatte deutlich gemacht, dass es seine Atomwaffen – falls es wirklich welche hat – auch über eine große Entfernung ins Ziel bringen kann. Die Kombination von Atomwaffen und Raketen mit wachsender Reichweite als nuklearen Trägerwaffen jagte den USA einen echten Schrecken ein.

Als erste Kurzstreckenrakete hatte sich Nordkorea auf dem internationalen Waffenmarkt die Scud-Rakete aus sowjetischer Produktion besorgt. Die Scud ähnelt technisch der deutschen V-2-Rakete. Nordkorea baute die Scud um, stellte sie in Serie her und verkaufte sie vor allem an den Iran, der sie im so genannten „Krieg der Städte" gegen den Irak einsetzte. Mit den Deviseneinnahmen aus diesem Geschäft entwickelte Nordkorea die Mittelstreckenrakete „Rodong". 1998, im 50. Jahr der Staatsgründung, startete es seine erste Langstreckenrakete, die Daepodong-1, die einen kleinen Satelliten an der Spitze ins All trug. Die Rakete flog unangekündigt über Japan und landete nach zweitausend Kilometer Flug im Pazifik. Anders als die Rodong handelte es sich um eine dreistufige Rakete mit festem Treibstoff. Angeblich hat Nordkorea die Reichweite der Daepodong inzwischen auf vier- bis sechstausend Kilometer erhöht und könnte damit amerikanische Inseln wie Guam oder Hawaii erreichen. Bei einer Kongressanhörung im Oktober 1997 erklärte der nordkoreanische Überläufer Choi Hu-hwal, Nordkorea wolle mit seinen Raketen einmal das Festland der Vereinigten Staaten treffen können. Man teste die Waffen nicht, weil man keine genauen Ziele ausschalten, sondern nur generell ein Gebiet erreichen wolle. Nach dieser Darstellung hätten die Raketen vor allem einen defensiven, abschreckenden Zweck.

Nordkorea macht seine Raketentechnik auch zu Geld. Es hat den Bauplan und Teile der Rodong-Rakete an den Iran (dort heißt sie Shahab 3) und an Pakistan (dort heißt sie Ghauri) verkauft. Ende 1992 versuchte Israel laut Recherchen der israelischen Zeitung Ma'ariv, Nordkoreas Raketengeschäfte mit Teheran mit Geld zu stoppen, aber auf amerikanischen Druck kam das Geschäft nicht zustande. Nach Informationen des amerikanischen Verteidigungsexperten William Schneider halfen russische Techniker, die Rakete technisch zu verbessern. Beim Bau der Atombombe habe China nachgeholfen: Es habe in den 80er Jahren die Pläne für eine getestete und funktionierende Bombe samt Spaltmaterial an Nordkorea gegeben. China bestreitet dies.

Nordkorea soll heute etwa 600 selbst gefertigte Scud-B- und Scud-C-Raketen besitzen, die sich mit Massenvernichtungs-Sprengköpfen bestücken lassen. Einhundert Rodong-Raketen sollen auf Ziele in Japan gerichtet sein, angeblich auf Kernkraftwerke. Allerdings sind sich die Experten bis heute nicht darüber einig, ob Nordkorea seine A-Waffen so weit verkleinern kann, dass sie in die Spitze einer Rakete passen. Viele ausländische Militärbeobachter in Seoul zum Beispiel halten dies für wenig wahrscheinlich – sie vermuten, dass Nordkorea die notwendigen Röntgenkameras fehlen. Allerdings gehen auch sie davon aus, dass die Nordkoreaner an der Verkleinerung der Bomben arbeiten. Als Beweis gilt ein im Sommer 2003 von US-Satelliten entdecktes Militärgelände, auf dem kompakte Sprengstoffe für solche Mini-Bomben getestet werden. Dieses Gelände könnte zu den atomaren „Bühnen" von Nordkorea gehören, auf denen neue Akte des nuklearen Theaters für die Aufklärer am Himmel aufgeführt werden.

Möglicherweise hat Nordkorea außerdem seine guten Verbindungen nach Russland dazu genutzt, russische Atom- und Raketenwissenschaftler einzustellen, die nach dem Zusammenbruch der Sowjetunion dort keine berufliche Perspektive mehr sahen. Andere Kenner schließen nicht aus, dass Nordkorea direkt fertige Atombomben aus sowjetischen Beständen gekauft hat. Wie bei vielen „Informationen" über Nordkorea muss man bei solchen Behauptungen immer einkalkulieren, dass sie zur Desinformation gezielt gestreut werden – etwa vom südkoreanischen Geheimdienst, der eine wahre Meisterschaft entwickelt hat, Nordkoreas Gefährlichkeit zu übertreiben.

Erpressung oder Gegenwehr?

Die nordkoreanische Strategie der „vorgeführten" Atombombe funktionierte von Anfang an gut, vielleicht sogar zu gut. Nordkorea sei der „nächste nukleare Alptraum", erklärten US-Verteidigungsexperten bereits im März 1991: ein Land mit einem „bösartigen Diktator", einer „Million Mann unter Waffen" und schon „binnen weniger Jahre" Atommacht. Nordkorea ließ die Alarmglocken in Washington noch schriller klingen als der Irak. Denn mit Nordkorea befand man sich immer noch im Kriegszustand. Nordkorea wurde zu jener Zeit nach Ansicht des Historikers Bruce Cummings „zu einem Rohrschach-Tintenklecks, der antikommunistische, rassistische, banditenhafte und orientalische Symbole zu einem niedlichen Paket vereinte". Amerikanische

Zeitungskommentatoren forderten präventive Militärschläge auf den Atomkomplex in Yongbyon. Das südkoreanische Verteidigungsministerium verlangte, das nordkoreanische Atomprojekt müsse „um jeden Preis" gestoppt werden. Die CIA behauptete öffentlich, Nordkorea sei nur noch „Monate" von der Bombe entfernt. Im November 1993 erreichte die Hysterie einen vorläufigen Höhepunkt. US-Medien berichteten, Nordkorea stelle eine Atombombe fertig, sperre internationale Inspekteure aus und ziehe 70 Prozent seiner Truppen hinter der Grenze zusammen. US-Präsident Bill Clinton warnte im Fernsehen, jeder Angriff auf Südkorea sei ein Angriff auf die Vereinigten Staaten.

Diese erste Krise um Nordkoreas heimliches A-Waffen-Programm brach für die Weltöffentlichkeit aus, als Nordkorea im März 1993 den Atomwaffensperrvertrag kündigte. Nordkorea wurde damit endgültig zur „größten Sicherheitsbedrohung" für die USA. Falls die Nordkoreaner ihre Anlagen nicht inspizieren ließen, so forderte ein einflussreicher US-Kongressabgeordneter, „sollten wir sie mit intelligenten Waffen ausschalten". Zu dieser Zeit waren große Teile der amerikanischen Öffentlichkeit davon überzeugt, dass der nordkoreanische Führer Kim Il-sung entweder böse oder geisteskrank war oder beides, dass sein Regime gestürzt und seine Atomanlage zerstört werden müsse. Aber aus der Sicht Nordkoreas hatte diese Atomkrise bereits einige Wochen früher begonnen. Denn Ende Januar 1993 kündigte der frisch gewählte Präsident Clinton wie üblich das Manöver „Team Spirit" an, bei dem riesige Streitkräfte der USA und Südkoreas jedes Frühjahr gemeinsam den Krieg gegen den Norden üben. Wenige Wochen später erklärte der damalige Chef des amerikanischen Strategischen Kommandos, er werde Wasserstoffbomben, die bisher für die Sowjetunion bestimmt waren, auf Ziele in Nordkorea richten. Das brachte das Fass aus nordkoreanischer Perspektive zum Überlaufen – der Sperrvertrag wurde gekündigt. Zu dessen Grundlagen gehört, dass die fünf Atommächte Länder ohne diese Waffen nicht nuklear bedrohen dürfen.

Ein zweites Argument Nordkoreas für den Austritt: Die Internationale Atomenergie-Organisation (IAEO) in Wien hatte „spezielle Inspektionen" von Orten verlangt, die Nordkorea bisher nicht als nukleare Standorte angegeben hatte, darunter eine angebliche Atommüll-Deponie. Nordkorea lehnte diese Forderung ab: Zum einen stammten die Informationen der IAEO über die angebliche Deponie vom US-Geheimdienst. Weil die USA kriegerisch eingestellt seien, dürfe die Atom-Behörde sich nicht auf diese Informationen berufen. Zum anderen unterstellte Nordkorea der Wiener Organisation, dass sie die Ergebnis der Inspektion sofort an die USA weiterleiten würde. Schon bald würde die IAEO weitere Untersuchungen fordern, auf diese Spirale wollte man sich nicht einlassen. Der Streit drehte sich darum, wieviel Plutonium Nordkorea aus den abgebrannten Brennelementen extrahiert hatte. Pjöngjang behauptete, nur eine kleine Menge wiederaufgearbeitet zu haben. Die CIA dagegen sprach von elf Kilogramm Plutonium, die man insgesamt gewonnen habe. Der Disput ist bis heute ungelöst. Die Wiener Inspekteure haben die angebliche Deponie nie gesehen, weil sie als militärisches Sperrgelände deklariert ist.

Bei der Atomkrise 1993/94 erntete Nordkorea die Früchte seiner Anstrengungen, sich als gefährliche Atom- und Raketenmacht darzustellen, um auf diese Weise den Untergang der alten Schutzmacht Sowjetunion zu überstehen. Durch Verhandlungen, Konfrontationen, Provokationen und Tatsachenverdrehungen gelang es dem Regime, ein amerikanisches Zugeständnis nach dem anderen zu gewinnen: erst den Abzug der US-Atomwaffen aus Südkorea, dann die Verschiebung des Manövers „Team Spirit", schließlich die ersten hochrangigen direkten Gespräche seit dem Korea-Krieg. Allerdings hatte man es mit einem Präsidenten zu tun, der das Verhältnis der USA zu Nordkorea auf eine neue Grundlage stellen wollte. Mutig nahm Bill Clinton Abschied von der traditionellen Dämonisierung Nordkoreas: Statt Soldaten, Flugzeugträger, Marschflugkörper und Langstreckenbomber aufzufahren, wie alle Präsidenten vor ihm, bot seine Regierung Gespräche nicht nur über Atomwaffen, sondern über andere politische Fragen an. Man wolle auf Gewalt verzichten und die diplomatischen Beziehungen erweitern. Während die Clinton-Regierung Nordkorea vor den Folgen des Austritts aus dem Sperrvertrag warnte, wollte sie zugleich dabei helfen, den Strom auf weniger gefährliche Weise zu erzeugen. Nordkorea reagierte mit dem Vorschlag eines Tauschgeschäfts: Es würde seine Graphit-Reaktoren stilllegen, wenn es amerikanische Leichtwasserreaktoren bekäme. Dieser Typ von Kernkraftwerk erzeugt weniger Spaltstoffe, die sich für den Bombenbau eignen.

Trotz der Kompromissbereitschaft beider Seiten kam es beinahe zum Krieg. Die Verhandlungen über das Abkommen zogen sich hin, kleine Details wurden zu großen Hürden. Im Mai 1994 fuhr Nordkorea überraschend den Reaktor von Yongbyon herunter und lagerte die benutzten Brennelemente in Abklingbecken. Sofort setzten die Medienspekulationen über einen bevorstehenden zweiten Korea-Krieg wieder ein. Die Clinton-Regierung überlegte ernsthaft, die Atomanlage zu bombardieren. Die Militärs planten einen „chirurgischen Schlag", der allerdings schwer kalkulierbare radioaktive Verseuchungen verursacht hätte. Der amerikanische Ex-Präsident Jimmy Carter nutzte eine bereits bestehende Einladung Nordkoreas, um die Krise zu entschärfen. Bei einer live im US-Fernsehen übertragenen Diskussion mit Nordkoreas Präsident Kim Il-sung konnte Carter den gordischen Verhandlungsknoten durchschlagen: Pjöngjang sollte sein Atomprogramm einfrieren und würde dafür zwei neue Kraftwerke bekommen. Präsident Clinton trat sofort vor die Presse und forderte Nordkorea auf, die Brennstäbe in den Abklingbecken liegen zu lassen und den Weiterbau der Atomanlagen einzustellen. Dann könnten die Verhandlungen weitergehen.

Damit war der Weg frei für das Genfer Rahmenabkommen von 1994. Nordkorea legte die Anlage von Yongbyon still, Inspekteure der Wiener Atom-Energie-Organisation montierten Kameras und versiegelten die Eingänge zu den atomaren Anlagen. Die achttausend Brennstäbe mit genug Plutonium für sechs bis acht Bomben wurden zum Teil in Wasserbecken gelagert, zum Teil mit Beton ummantelt. Im Schichtwechsel bewachten jeweils zwei internationale Beamte die Atomfabrik. Im Gegenzug verpflichteten sich die USA und ein internationales Konsortium, zu dem auch die EU gehört, bis zum Jahr 2003 an der Ostküste bei Geumho zwei Leichtwasser-Reaktoren zu errichten. Außerdem sollte Pjöngjang mehr als 3 Millionen Fass schweres Heizöl jährlich bekommen, als Kompensation für den fehlenden Atomstrom. Die USA versprachen, keine Kernwaffen gegen den kommunistischen Teil der koreanischen Halbinsel einzusetzen, die Beziehungen zu normalisieren und Lebensmittel zu liefern. Dafür versicherte Nordkorea, am Atomwaffensperrvertrag festzuhalten.

Das Rahmenabkommen war keine Einbahnstraße, wie immer wieder behauptet wird: Pjöngjang hatte Konzessionen gemacht, die während des Kalten Krieges undenkbar gewesen wären. Das Genfer Abkommen legte ein schrittweises Vorgehen fest: Jede Kleinigkeit musste verifiziert werden, bevor es weiterging. So sollten die Reaktoren erst fertiggestellt werden, nachdem UN-Inspekteure das umstrittene Atommüll-Lager untersucht hatten. Als der Norden die Abmachung unterschrieb, geschah dies auf spezielle Anweisung von Kim Il-sung. Sein Ziel: Die Beziehung zum Erzfeind so verbessern, dass sein Regime weiterbestehen konnte. Nordkoreas Führer starb, bevor der Vertrag verhandelt war. Vielleicht hätte es ihn überrascht, dass das Abkommen zehn Jahre später wieder heftig in Frage gestellt wurde. Vielleicht auch nicht, denn der Graben zwischen den USA und Nordkorea war wohl von Anfang an zu breit, um durch ein einziges schriftliches Werk überbrückt zu werden.

Feindliche Prägungen

Die wechselseitigen Feindbilder Nordkoreas und der USA sind vor allem durch die traumatischen Erfahrungen des Korea-Krieges (1950–1953) entstanden. Aus der Sicht des Westens war es ein Krieg der Systeme: An der Teilungslinie am 38. Breitengrad standen sich Kommunismus und Kapitalismus genauso direkt gegenüber wie an der Berliner Zonengrenze. Das kommunistische Nordkorea wollte dem kapitalistischen Süden, der vom freien Westen unterstützt wurde, sein System aufzwingen. Für die Koreaner dagegen ging es um die Einheit ihres Landes. Gerade hatten sie das Joch der japanischen Kolonialherrschaft abgeschüttelt, da wurde ihre Nation gespalten und erneut von Großmächten für deren Zwecke missbraucht. Aus nationalem – nicht aus ideologischem – Drang heraus wollten beide Staaten den jeweils anderen Teil des Landes erobern. Deshalb warben sie bei ihren jeweiligen Großmacht-Partnern dafür, den anderen Landesteil zu besetzen. Kim Il-sung war dabei erfolgreicher: Stalin deutete sein Einverständnis für eine Invasion an, auch Mao signalisierte Unterstützung. Im Juni 1950 überschritt der Norden die Grenze und nahm im Handstreich weite Teile des Südens ein. Nordkorea behauptet bis heute, es habe nicht angegriffen, sondern nur reagiert. Hätten die USA die Südkoreaner besser bewaffnet und ihnen mehr Spielraum gegeben, wäre der Süden dem

Norden mit der Invasion vielleicht zuvor gekommen. So waren die USA trotz Warnungen auf den Angriff nicht richtig vorbereitet, die nur leicht bewaffneten Streitkräfte des Südens wurden überrannt. Im UN-Sicherheitsrat wurde Nordkorca als Angreifer verurteilt, eine Eingreiftruppe wurde in Marsch gesetzt. Unter amerikanischer Führung zogen 21 Nationen gegen Nordkorea in den Krieg.

Die Invasion der UNO-Truppen, der Großteil davon Amerikaner, brachte die Kriegswende. Die Nordkoreaner hatten mit dem Angriff gerechnet, aber sie konnten den UNO-Einheiten nicht standhalten. So eroberten die Alliierten unter Führung von US-General Douglas MacArthur den Süden zurück, überquerten dann ihrerseits den 38. Breitengrad, ebenso völkerrechtswidrig wie zuvor Nordkorea, und drängten den Gegner bis an die chinesische Grenze zurück. Da griffen zur Überraschung der Alliierten schätzungsweise eine Million chinesische Freiwillige ein, die trotz schlechter Bewaffnung den UNO-Truppen den Norden wieder abnahmen. Mao Zedong bedankte sich auf diese Weise für die nordkoreanische Militärhilfe im chinesischen Bürgerkrieg. Er wollte aber keinen Dritten Weltkrieg, deshalb blieb die Frontlinie am 38. Breitengrad stehen.

Eine unvorstellbare Bereitschaft zu Gewalt war das wichtigste Merkmal des Korea-Kriegs. Nordkoreanische Truppen liquidierten Kriegsgefangene mit einem Schuss hinter das Ohr. Südkoreanische Soldaten exekutierten angebliche Linke und Kollaborateure, manchmal Hunderte auf einmal. Ausländische Korrespondenten berichteten von südkoreanischen Konzentrationslagern. Amerikanische Armee-Einheiten massakrierten Flüchtlinge (wie später in Vietnam), wenn auch nicht systematisch: Bei dem Massaker von No Gun Ri wurden im Juli 1950 bis zu 400 südkoreanische Zivilisten von Soldaten des 7. US-Kavallerie-Regiments erschossen, als sie eine Brücke überqueren wollte. Die USA hatten aus Angst vor Partisanen alle Flüchtlingsbewegungen verboten. Das Kriegsverbrechen kam erst 40 Jahre später ans Licht.

Der amerikanische Luftkrieg gegen Nordkorea unterschied nicht zwischen Soldaten, Partisanen und Zivilisten. Nachdem China in den Krieg eingegriffen hatte, verstärkte die amerikanische Luftwaffe ihre Bombardierung des Nordens. Die Bombardements sollten „jedes Kommunikationsmittel, jede Anlage, jede Fabrik und jedes Dorf" in den nördlichen Provinzen zerstören. Beim Rückzug der 24. Infanterie-Division war es üblich, „die Dörfer entlang des Rückzugsweges vollkommen zu vernichten". Die Brandbomben der US-Luftwaffe – vor allem Napalm – verwüsteten das Land und verursachten bei den Überlebenden schreckliche Verletzungen. Die Piloten schossen auf alles, was sich am Boden bewegte. Auch auf Kolonnen von fliehenden Zivilisten, denn unter ihnen vermutete man Guerilla-Kämpfer. Der Norden wurde so heftig aus der Luft bombardiert, dass die amerikanischen Flugzeuge gegen Ende des Krieges häufig am Boden blieben, weil es nicht mehr genug Ziele gab.

Während des Zweiten Weltkrieges wurde die deutsche Bombardierung der niederländischen Deiche als Kriegsverbrechen eingestuft. In Nordkorea brachten die USA im Juni 1953 die Staudämme von Kasong und Doksan ungestraft zum Bersten und zerstörten so ganze Landstriche. In Dokson, so erinnerte sich ein Luftwaffenoffizier, „räumte die Sturzflut 27 Meilen des Tales frei, das Flutwasser spülte zahllose Reisfelder, Eisenbahnlinien, Brücken und Landstraßen davon. Der Mensch aus dem Abendland kann nur schwer erfassen, was der Verlust von Reis für den Asiaten bedeutet – Hunger und langsamen Tod."

Zu den dunkelsten Kapiteln des Korea-Krieges gehört die Frage der atomaren Waffen. General Douglas MacArthur, Oberkommandierender der UN-Truppen, forderte sehr früh den Einsatz von Atomwaffen in Korea. Zehn bis zwanzig Stück sollten den Vormarsch der Nordkoreaner stoppen. Später erwog der hitzköpfige General, durch die Explosion von bis zu 50 Atombomben einen radioaktiven Gürtel vom Japanischen bis zum Gelben Meer zu schaffen, um eine Invasion der Chinesen in Korea für Jahrzehnte zu verhindern. Im September und Oktober 1951 ließen die Amerikaner einzelne B-29-Bomber von Okinawa nach Nordkorea fliegen, die A-Bomben-Attrappen oder besonders schwere TNT-Bomben abwarfen. Damit wollte man den Abwurf von Atombomben üben und konnte zugleich die Angst vor einem echten Nuklearwaffenangriff schüren.

Der atomare Schrecken hat die nordkoreanische Führung und die Bevölkerung auf vielfältige Weise geprägt. Die amerikanischen Atombomben auf Hiroshima und Nagasaki töteten und verletzten auch Tausende von Koreanern, die von den Japanern dorthin zur Zwangsarbeit verschleppt worden waren. Viele Überlebende kehrten nach Kriegsende in ihre nordkoreanische Heimat zurück. Dort wurden sie als Helden verehrt und zur anti-japanischen Propaganda benutzt. Bereits während des Krieges erteilte Nordkoreas Militärführung spezielle Handlungsanweisungen für den Fall eines atomaren Angriffs. Später bereiteten sich Millionen von Nordkoreanern in ihrem Wehrdienst auf atomare Angriffe vor.

Wenige Jahre nach dem Korea-Krieg stationierten die USA in Südkorea Atombomben, obwohl das Waffenstillstandsabkommen die Einführung von neuen Waffen auf der Halbinsel untersagte. Die Atombomben sollten sowohl Süd- als auch Nordkorea abschrecken, erneut einen Krieg zu beginnen. Südkoreas Präsident Rhee wollte den Norden unbedingt angreifen und verlangte dafür in einer Rede vor dem US-Kongress sogar den Einsatz von Wasserstoffbomben. Bereits in den 60er Jahren waren die Atombomben fester Bestandteil der südkoreanischen Verteidigungsstrategie geworden: Die Militärs wollten sie möglichst frühzeitig einsetzen, weil sie in der Nähe der Grenze lagerten und leicht in die Hände des Gegners fallen konnten. Als die Nordkoreaner 1968 das US-Spionageschiff Pueblo kaperten und seine Crew gefangen nahmen, dachten die Amerikaner zuerst daran, eine Atombombe auf Pjöngjang zu werfen. „Die Tatsache, dass alle US-Kampfjets auf ihren koreanischen Pisten mit Atommunition bewaffnet waren", schrieb Korea-Experte Peter Hayes sarkastisch, „machte es der politischen Führung in Washington nicht gerade leichter, einen klaren Kopf zu behalten." In den 70er Jahren strebte der südkoreanische Militärdiktator Park danach, eigene atomare Waffen und Raketen als Trägersystem zu entwickeln. Nur auf amerikanischen Druck hin ließ er sich zum Stopp des Programms bewegen. Dennoch dürfte Südkorea inzwischen genug atomares Wissen – und ausreichend Spaltmaterial – haben, um sich in kurzer Zeit atomar zu bewaffnen. Die amerikanische „Airland Battle"-Strategie der 70er Jahre propagierte schnelle Vorstöße in das Feindgebiet, wobei notfalls nukleare Bomben gegen befestigte Untergrundstellungen eingesetzt werden sollten.

In den 80er Jahren bestand die amerikanische Strategie für einen möglichen zweiten Korea-Krieg darin, Atomwaffen binnen einer Stunde nach Ausbruch der Kampfhandlungen einzusetzen, falls die nordkoreanischen Truppen in großer Zahl die Grenze überschritten. Für die innerdeutsche Grenze dagegen galt die Strategie, den Angreifer mit konventionellen Waffen zu stoppen und Atombomben nur im äußersten Notfall einzusetzen: Schließlich war auch der Gegner atomar bewaffnet und hätte den Prozess der gegenseitigen Vernichtung einleiten können. In Korea konnte man den Einsatz von Nuklearbomben nur deshalb planen, weil der Norden keine hatte. Nordkorea reagierte auf die US-Strategie der Vorwärtsverteidigung, indem es den größten Teil seiner Truppen direkt hinter der Grenze stationierte, um jeden Vorstoß sofort stoppen zu können. Die Nordkoreaner wollten sich im Kriegsfall in großer Zahl so schnell unter südkoreanische Soldaten und Zivilisten mischen, dass der Einsatz von Atombomben an der Grenze sinnlos würde. Während diese Massierung der nordkoreanischen Truppen in den USA und in Südkorea als Beweis für die aggressiven Absichten des Nordens verstanden wurde, lässt sie sich auch als Reaktion auf das amerikanische Kriegsszenario interpretieren, das beim jährlichen amerikanisch-südkoreanischen Manöver „Team Spirit" geübt wurde. Erst nach dem Golfkrieg entschieden die amerikanischen Militärs, dass ihre neuen „intelligenten" Bomben effektiver seien als Atomwaffen: 1991 wurden diese deshalb aus Südkorea abgezogen, darunter 70 atomare Artillerie-Geschosse und zahlreiche so genannte nukleare Rucksackminen. Außerdem konnte man erst nach dem Abzug dieser Waffen Nordkorea wegen seiner Atompläne öffentlich kritisieren. Nordkoreas Angst vor einem US-Angriff mit Atomwaffen ist also keineswegs aus der Luft gegriffen. Es ist eine begründete Angst mit tiefen historischen Wurzeln.

4. Der ewige Sohn

Die Welt schwankt in ihrem Urteil über Kim Jong-il zwischen Extremen. In den 80er Jahren war er der vergnügungssüchtige Lebemann, der sich aus angeblicher Angst vor epileptischen Anfällen nicht traute, öffentlich zu sprechen. Nach dem innerkoreanischen Gipfeltreffen im Sommer 2000 wurde er weltweit ungläubig und widerwillig als Staatsmann betrachtet, der den letzten Kalten Krieg beenden würde. Seit dem erneuten Ausbruch der Atomkrise gilt er als gerissener Stratege und zynischer Erpresser, weil er mit Drohungen der atomaren Aufrüstung die einzige Supermacht der Welt in Schach hält. Kim Jong-il war so lange der große Geheimnisvolle, dass er nun anscheinend die ideale Projektionsfläche für Ängste und Alpträume darstellt.

Immerhin hat sich der Nebel um den „Geliebten Führer" etwas gelichtet, seitdem er die Nachfolge seines Vaters angetreten hat. Dank einiger Überläufer und Flüchtlinge aus seinem engsten Umkreis sowie mehrerer Südkoreaner, Chinesen, Russen, Amerikaner und Europäer, die Kim Jong-il getroffen haben, wissen wir viel mehr über den Menschen an der Spitze des nordkoreanischen Führerstaates als früher. Auch die Gegenpropaganda ist weniger aktiv. Der südkoreanische Geheimdienst zum Beispiel soll aufgehört haben, Lügengeschichten über Kim Jong-il zu verbreiten, um die innerkoreanische Entspannung nicht zu gefährden. Noch immer sind die Informationen aus seinem Machtbereich dürftig, aber die Konturen des Menschen und Machtpolitikers Kim Jong-il sind schärfer geworden. Das ist eine gute Entwicklung: Denn je mehr die Welt über den Führer Nordkoreas weiß, desto eher kann sie sein Verhalten in der Atomkrise deuten und vorhersagen. Es liegt in der Natur des nordkoreanischen Systems, dass der Führer alle wichtigen Fragen eigenständig entscheidet.

Kim Jong-il hat die zweite Atomkrise im Oktober 2002 selbst begonnen – er wird auch höchstwahrscheinlich entscheiden, wie sie zu Ende geht.

Ein effektiver Schlüssel zum Leben, zur Karriere und zur Persönlichkeit von Kim Jong-il ist der Vergleich mit und die Beziehung zu seinem Vater Kim Il-sung. Der Vater verstand sich vor allem als populistischer Staatsmann mit einer großen Vision. Kim Jong-il gilt eher als Genussmensch, der zuallererst ans Überleben denkt. Kim Il-sung kämpfte als Guerillero für die Freiheit seines Landes von den japanischen Kolonialherren. Auch wenn ihn die Sowjets als ihren Vasallen vor Ort einsetzten, begründete Vater Kim das System von Nordkorea. Kim Jong-il dagegen wuchs unter privilegierten Umständen auf. Bis auf eine zweimonatige Wehrübung während der Studienzeit hat er nicht einen einzigen Tag im Militär gedient – und wurde trotzdem zum „Geliebten General", zum Armeechef, ernannt.

Vater Kim Il-sung war ein hochgewachsener, charismatischer Mann. Sohn Kim Jong-il hat nur eine schwache Ausstrahlung: 1,60 Meter klein, untersetzt, die altmodische Metallbrille viel zu groß, das Haar dauergewellt und hochtoupiert, die Uniform im Mao-Stil meistens grün oder khakifarben, die Schuhe mit Plateausohlen. Wenn das Staatsfernsehen Kim Jong-il etwa beim Besichtigen einer neuen Hühnerfabrik zeigt, die Beine durchgedrückt, den rundlichen Bauch vorgeschoben, den Blick starr auf die gerupften Hühner an ihren Haken gerichtet, dann hinterlässt das keinen staatstragenden Eindruck. Anders als der Vater, der große Reden liebte, spricht Kim Jong-il nur selten in der Öffentlichkeit. Beim 60. Geburtstag der Armee sagte der Sohn im April 1992 einen einzigen Satz: „Ruhm über das heroische Militär des Volkes!" Damals bekam das Volk seine Stimme zum ersten Mal zu hören, obwohl Kim zu dem Zeitpunkt bereits 50 Jahre alt und längst der designierte politische Erbe war. Bis heute gibt es keine einzige Rede von Kim Jong-il im Original-ton.

Kim Jong-il fürchtete und verehrte seinen Vater. Seine Mutter starb, als er sieben Jahre alt war. Danach behandelte ihn sein Vater „wie einen Hund", berichtet James Lilley, früher CIA-Chef in Peking und US-Botschafter in Seoul. Der junge Kim fixierte sich völlig auf den Vater. Er wusste, dass er in vielerlei Hinsicht nicht seine Ansprüche und Erwartungen erfüllte. Deshalb suchte er sein berufliches Heil auf künstlerischen und intellektuellen Gebieten: als Regisseur von heroischen Filmen, als Komponist von Propaganda-Opern, als Interpret der Staatsideologie.

Kim Jong-il durfte seinem Vater keinen Grund liefern, ihn nicht zu seinem Nachfolger auszuwählen. Er wusste, dass er als erstgeborener Sohn in der koreanischen Tradition in die Fußstapfen des Vaters treten würde. Aber er wollte diesen Automatismus nicht gefährden. Deshalb hielt er die Beziehung mit der Schauspielerin Seong, aus der sein erster Sohn Kim Jong-nam hervorging, 24 Jahre lang vor dem Vater geheim, obwohl die Geliebte, ihre Mutter, ihre Schwester und der uneheliche Sohn lange mit der Kim-Familie unter einem Dach lebten. Stattdessen heiratete er die Frau, die der Vater für ihn ausgesucht hatte, die Tochter eines Armeegenerals, die als Schreibkraft für die Partei arbeitete.

Aus dem übergroßen Schatten des dominanten Vaters herauszutreten, ist deshalb die größte persönliche und politische Herausforderung für Kim Jong-il: Auf der einen Seite muss er als guter koreanischer Sohn den Vater überhöhen, was den Sohn im Nebeneffekt als rechtmäßigen Herrscher über Nordkorea legitimiert. Auf der anderen Seite muss er, um die Liebe und Loyalität des Volkes vom Vater auf sich selbst zu übertragen, sich selbst immer mehr in den Vordergrund schieben. „Kim Il-sung ist Kim Jong-il, Kim Jong-il ist Kim Il-sung" – die Inschrift über dem Mausoleum des Vaters zeigt den Weg, den er gehen will, um beide Ziele miteinander zu versöhnen und zu erreichen. Überall in Nordkorea hängt das Bild von Kim Jong-il auf gleicher Höhe und in gleicher Größe neben dem des Vaters – in Schulen, Kasernen und Privatwohnungen. Im Laufe der vergangenen Jahre sind sich die Porträts von Vater und Sohn auf den öffentlichen Gemälden immer ähnlicher geworden. Das Volk soll die beiden Kims gleichermaßen verehren, denn die beiden sind laut der Propaganda „vollständig identisch".

Nach allem, was man von nordkoreanischen Flüchtlingen in China und Südkorea hört, hat die Propaganda ihr Ziel bisher jedoch nicht erreicht. Die Liebe und Verehrung für Kim Il-sung scheinen häufig echt zu sein, für Kim Jong-il dagegen können sich die Menschen weniger erwärmen. Man spürt, dass er sich nicht für die einfachen Leute interessiert, sagte ein nordkoreanischer Flüchtling nach seiner Ankunft in der südkoreanischen Hauptstadt Seoul. Der deutsche Arzt Norbert Vollertsen, der für die Hilfsorganisation Cap Anamur in Nordkorea arbeitete, beschreibt Kim Jong-il als berechnend und zynisch: „Er hat eine Reputation, die nicht sehr menschlich ist. Man bezeichnet ihn als kalt, als kaltblütig." Hwang Jang-yop, ehemaliger politischer Erzieher von Kim Jong-il, charakterisierte ihn 1997 nach der Flucht in den Süden als „absolut unsensibel" gegenüber den Leiden der Nordkoreaner. Kim Jong-il besitzt laut Hwang „lebhafte Energie und den unerschütterlichen Willen, seine eigenen Interessen zu schützen. Sein politischer und sein künstlerischer Sinn sind sehr scharf, sein Gehirn arbeitet schnell. Weil er von den Menschen verehrt wird, ohne von irgend jemandem kontrolliert zu werden, hat er niemals eine Härte erlitten. Deshalb wurde er ungeduldig und hat einen gewalttätigen Charakter (…) Er berät sich nie mit jemand anders. Niemand kann ihn direkt anrufen, egal wie hoch seine Position ist."

Kim Jong-il steht seit seiner Machtübernahme unter enormem Leistungsdruck, weil er ständig an seinem Vater gemessen wird – und weil er sich selbst vermutlich dauernd mit seinem Vater vergleicht. Die Zwischenbilanz seiner Herrschaftsjahre fällt bisher gemischt aus: Kaum war der Vater tot, brach in Nordkorea eine schwere Hungersnot aus. Seit Kim Jong-il auf Nordkoreas Thron sitzt, geht es auch mit der Wirtschaft weiter steil bergab. Früher lagen die Fabriken nur tagelang still, inzwischen sind die meisten Anlagen gar nicht mehr in Betrieb. Zu Zehntausenden flüchten die Menschen aus dem Land. Nordkoreas konfuzianischer Sozialismus ist geschcitert. Kim Jong-il weiß das längst, sonst hätte er nicht unmittelbar nach seinem Amtsantritt mit Reformen begonnen. Seine Bereitschaft dazu zeigt, dass er Mängel erkannte, die sein Vater totgeschwiegen hatte. Wenn er die Krise überwindet, kann er etwas erreichen, was man mit seinem Namen und nicht mit dem des Vaters verbindet. Sonst wird er der ewige Sohn bleiben.

Gelungener Aufstieg

Zweieinhalb Jahrzehnte lang hatte sich der ewige Kronprinz auf die Zepterübernahme vorbereitet hatte. In der westlichen Presse tauchte sein Name erst 1980 auf, als ihm machtvolle Posten in der Partei und im Apparat verliehen wurden, die ihn de facto zur Nummer Zwei im Staate machten. Zu diesem Zeitpunkt war er in Nordkorea schon seit zehn Jahren eine einflussreiche Größe. Wenn die gleichgeschalteten Medien von einem mysteriösen „Parteizentrum" sprachen, das durch „weise Entscheidungen" und „große Taten" glänzte, dann war damit immer der Sohn des Großen Führers gemeint. Nach dem Studium wurde Kim Jong-il Privatsekretär seines Vaters. Ab 1964 machte er Karriere im Parteiapparat. Seit 1973 arbeitete Kim Jong-il als Agitprop-Sekretär für das Zentralkomitee und damit für die Spitze der Arbeiterpartei. Im folgenden Jahr wurde er ins Politbüro gewählt. Zu seinen wichtigsten Aufgaben gehörte der Aufbau der Jugendorganisation „Revolutionäre Brigaden". Schon zu dieser Zeit begannen die Parteikader, Lieder über ihn zu singen. Seine Worte und Ideen hatten sie in speziellen Notizbüchern aufzuschreiben. Genau wie sein Vater wollte Kim Jong-il durch so genannte „Anweisungen vor Ort" sein Volk möglichst unmittelbar regieren und dadurch größtmögliche Macht ausüben.

Erst 1980 erfuhr der Rest der Welt, wer einmal in Kim Il-sungs Fußstapfen treten sollte: Dem jungen Kim wurden beim Sechsten Kongress der Arbeiterpartei gleichzeitig Leitungsposten im Politbüro, im Parteisekretariat und in der Militärkommission verliehen. Sein Name stand im ZK-Sekretariat an erster und im Präsidium des Politbüros an vierter Stelle. Dabei wurde er öffentlich als designierter Nachfolger vorgestellt und bekam den offiziellen Beinamen „Geliebter Führer". Sein Geburtstag am 16. Februar, schon seit 1976 offiziell ein arbeitsfreier Tag, wurde 1982 amtlich zum öffentlichen Feiertag und darf seit 1986 sogar zwei Tage lang begangen werden. „Organe, Betriebe und Familien haben zur Feier des Tages Staatsflagge zu zeigen", wies die Partei an. 1990 wurde Kim Jong-il Erster Stellvertreter seines Vaters im Vorsitz der Nationalen Verteidigungskommission und stieg damit auch formal zum zweitmächtigsten Mann Nordkoreas auf. Ende 1991 gab Kim Il-sung offiziell den Oberbefehl über die Armee an seinen Sohn ab. Deshalb heißt dieser seitdem „Großer General".

Bereits im Juli 1994, kurz nach dem Tod von Kim Il-sung, nannte das Staatsradio ihn „den Geliebten Führer, den einzigen Nachfolger des Großen Führers". Im Februar 1995 wurde sein Geburstag zum „größten Feiertag der Nation" erhoben und Kim Jong-il zum neuen „Großen Führer" ernannt. Trotzdem ließ er sich nicht in der Öffentlichkeit blicken, weil er angeblich „ganz und gar in Trauer um seinen glorreichen Vater versunken" war.

Nicht einmal die für die Nation lebenswichtigen ausländischen Helfer wollte er empfangen, obwohl gerade Hunderttausende von Nordkoreanern verhungerten. Im Juli 1997 lief die dreijährige Trauerzeit für seinen Vater ab, im Oktober wählte Nordkoreas Arbeiterpartei Kim Jong-il zum Generalsekretär. Die Partei- und Armee-Elite hatte ihn als neuen Führer akzeptiert. Als konfuzianische Demutsgeste wurde die Verfassung geändert und Kim Il-sung zum ewigen Präsidenten bestimmt. Dessen Funktionen nimmt fortan der Parlamentspräsident wahr. Seitdem steht Kim Jong-il im Zentrum der Propaganda. Zum 50. Geburtstag der Republikgründung im September 1998 jubelte die nordkoreanische Staatsagentur im üblichen Stil: „Sonne, Mond und Sterne, alle lieben unseren Geliebten Führer Kim Jong-il." Wieder redete er als guter Sohn nicht selbst, sondern spulte ein Tonband mit einer Ansprache des verstorbenen Vaters ab.

Das Phänomen der Machtvererbung ist in Ländern mit konfuzianischer Tradition nichts Ungewöhnliches. Man kann es in Singapur, Taiwan, Südkorea und Japan beobachten. Doch in keinem dieser Länder wurde der Nachfolger mit so hohem Aufwand aufgebaut wie in Nordkorea, meint die südkoreanische Politikwissenschaftlerin Lee Eun-jung, die in Halle lehrt. Koreanische Schulkinder lernen, dass Kim Jong-il in einer Holzhütte am heiligen Berg Paekdu geboren wurde, der Legende nach auch der Geburtsort von Dangun, dem mythischen Vater der Koreaner. Russische Historiker können dagegen belegen, dass Kim ein Jahr früher als in Nordkorea behauptet in dem Militärlager Vyatskoye nahe Chabarowsk im Fernen Osten der damaligen Sowjetunion das Licht der Welt erblickte. Dorthin war sein Vater mit seinen Partisanen vor den Japanern geflüchtet. Erst im Alter von drei Jahren zog Kim nach Korea um.

Sobald der Vater ihn zum Erben auserkoren hatte, wurde der Sohn massiv in den Personenkult einbezogen. Genau wie dem

Vater wurden auch dem Sohn „als Fortsetzer des Werks von Kim Il-sung und der koreanischen Revolution" erstaunliche Fähigkeiten zugeschrieben. Er sei ein genialer Theoretiker, großer Volksheld, erfahrener Staatsmann, brillanter Organisator und Führer, der große Fürsorger der einfachen Menschen des Volkes, das Idol aller revolutionären Völker auf dem Erdball. An jedem Tag seiner Studienzeit soll der junge Kim ein Buch verfasst und in zwei Jahren sechs Opern komponiert haben. In der Schule wurde ein eigenes Lehrfach über sein Leben eingerichtet. Die Propaganda kannte dabei keine Grenzen: Der US-Politologe Don Oberdorfer berichtet, in den 80er Jahren sei jeder Mutter eines neugeborenen Kindes nach der Geburt ein Löffel Honig in den Mund gesteckt worden. „Dies ist ein Geschenk vom Genossen Kim Jong-il", lautete die Begründung der Krankenschwestern. Zucker und Honig sind seltene Köstlichkeiten im verarmten Nordkorea und sollten den designierten Regenten großzügig und volksnah erscheinen lassen.

Was Kim Jong-il in den Jahren seiner Parteiarbeit wirklich geleistet hat, ist unbekannt. Als Sohn des Großen Führers mit zahlreichen Ämtern muss Kim Jong-il schon seit 1980 bei vielen wichtigen Entscheidungen ein kräftiges Wort mitgeredet haben. Unter anderem soll er für zahlreiche Geheimdienst-Operationen verantwortlich gewesen sein. Der Bombenanschlag auf das halbe südkoreanische Kabinett bei einem Staatsbesuch in Birma 1983 wird dem Ministerium für Staatsschutz zugeschrieben, das zusammen mit den Ministerien für Volksstreitkräfte und für Öffentliche Sicherheit direkt dem Vorsitzenden des Verteidigungsrates, damals Kim Il-sung, unterstand. Außerdem wurden diese Ministerien seit April 1982 direkt durch das Sekretariat des Zentralkomitees der Partei angeleitet, an dessen Spitze Kim Jong-il die Fäden zusammenhielt. Kim Hyon-hui, die nordkoreanische Geheimagentin, die 1987 ein südkoreanisches Passagierflugzeug in die Luft sprengte, um die Olympischen Spiele in Seoul zu diskreditieren, berichtete, der Befehl zu dem Anschlag sei direkt von Kim Jong-il gekommen. Die Entführung eines südkoranischen Künstlerehepaares hat Kim Jong-il selbst zugegeben. „Ich habe nur gesagt, ‚Ich brauche diese Leute‘“, gestand er der Schauspielerin Choi und dem Regisseur Shin nach dem gelungenen Kidnapping. „Deshalb haben meine Genossen diesen Befehl prompt ausgeführt.“

Ein Grundzug von Kim Jong-ils politischem Denken ließ sich schon erkennen, bevor er offiziell die Macht von seinem Vater übernahm, nämlich seine starke Neigung zur Gigantomanie: Kim Jong-il choreographierte die größten Massenspektakel der Welt, etwa bei der Parade zum 40. Geburtstag der Republik, als zwei Millionen Menschen – zehn Prozent der nordkoreanischen Bevölkerung – an der Ehrentribüne vorbeimarschierten. Für die Weltfestspiele der Jugend 1989 ließ Kim Jong-il insgesamt 260 Vorzeigebauten errichten, darunter ein Stadion für 150 000 Menschen. Damit wollte das Regime erzwingen, zum Ko-Gastgeber der Olympischen Spiele von 1988 ernannt zu werden, nachdem Südkorea den Zuschlag bekommen hatte. Die meisten dieser Bauten werden bis heute kaum genutzt, manche wurden nie fertig gestellt. Insgesamt hat Kim Jong-il für diese Veranstaltung, die ohne erkennbaren Nutzen für die Menschen in Nordkorea war, knapp fünf Milliarden Dollar ausgegeben. Eine Bauruine steht bis heute im Zentrum von Pjöngjang als Mahnmal dieses Wahns: Das Ryugyeong Hotel ist mit 105 Stockwerken und einer Höhe von 323 Metern eines der 20 höchsten Gebäude der Welt – und ganz sicher das nutzloseste davon: Wegen statischer Mängel wurde es nie innen ausgebaut und bezogen. Der Juche-Turm ist mit seinen 170 Metern genau einen Meter höher als der Washington-Obelisk in der US-Hauptstadt – schließlich musste Nordkorea beweisen, dass Kim Il-sung der bedeutendere Staatsgründer war. Natürlich überragt auch der monumentale Triumphbogen von Pjöngjang, der an den Sieg über die Japaner erinnert, das Pariser Vorbild um ein kleines Stück! Auch andere asiatische Länder haben versucht, die Vorbilder im Westen zu übertreffen: So ist der Tokio-Tower, eine Kopie des Pariser Eifelturms, ein paar Meter höher als das Original, und Shanghai betonte mit der ersten Transrapid-Strecke der Welt seinen Anspruch als neue Wirtschaftsmetropole. Aber nirgendwo ist die Lücke zwischen Anspruch und Wirklichkeit so groß wie in Nordkorea.

Seitdem Kim Jong-il selbst die Macht in Nordkorea übernommen hat, ist sein Bemühen unverkennbar, sich weniger als autoritärer Führer, sondern mehr als moderner Manager darzustellen. Die einheimischen Medien präsentieren ihn als regelrecht Arbeitssüchtigen, der nur vier Stunden täglich schläft und manchmal die Nacht durcharbeitet. Er rufe manchmal um 3 Uhr morgens seine Mitarbeiter an, wenn er Entscheidungen getroffen habe. Gegenüber ausländischen Besuchern betonte Kim Jong-il, er habe drei Computer in seinem Büro. Sein ältester Sohn Kim Jong-nam gilt als Technik-Freak und soll seinen Vater ins digitale Zeitalter eingeführt haben.

Im Westen wird Kim Jong-il auf Grund von Auftreten und unbelegter Legenden häufig als nicht ernst zu nehmender Frauenheld mit Napoleon-Komplex karikiert. Aber das äußere Bild täuscht, meint die südkoreanische Politologin Lee Eun-Jeung: „Er wird sehr unterschätzt und zu einer Comicfigur gemacht. Ich glaube, viele vertun sich damit. Ein Trottel hätte seine Ausbildung und Machtkämpfe nicht durchgestanden." Viele Anekdoten über Kim Jong-il wurden vom südkoreanischen Geheimdienst fabriziert. Als ihn die Welt beim innerkoreanischen Gipfeltreffen zum ersten Mal auf der öffentlichen Bühne erlebte, strafte er viele Berichte Lügen: Kim Jong-il witzelte auf hohem Niveau, lächelte charmant, zeigte Sachverstand in allen Themen und befolgte gegenüber seinem älteren Gegenüber aus Südkorea die konfuzianisch korrekte Ehrerbietung.

Die nach Nordkorea entführte Schauspielerin Choi und ihr Ehemann, der Regisseur Shin, beschrieben Kim Jong-il in den 80er Jahren als selbstsicher, aufgeweckt, gut informiert und gelegentlich selbst-ironisch. Als negativ notierten sie seine Gerissenheit und Launenschwankungen. Die frühere US-Außenministerin Madeleine Albright meinte nach ihrer Begegnung mit dem Nordkoreaner im Jahr 2000, er sei „glatt" und „gefährlich", aber nicht „wahnhaft", sei zwar isoliert, aber nicht schlecht informiert. Auf jeden Fall sei er kein Verrückter. Kim führte Albright vor, wie er im Internet surft und diskutierte mit ihr die aktuellen Oscar-Nominierungen und die Resultate der amerikanischen Basketball-Liga NBA.

Zwei Leidenschaften werden Kim Jong-il nachgesagt, die sich recht gut belegen lassen: für heroische Filmkunst und für das gute Leben. Kultur gehörte zu seinen ersten politischen Aufgaben, schon früh war er ein Film-Fanatiker: Er hat ein Buch mit dem Titel „Über die Kunst des Kinos" geschrieben. In seinem Palast in Pjöngjang soll er einen eigenen Lichtspielraum mit westlicher Technik haben. Er besitzt eine enorme Videothek, berichtet Seong Hae-rang, eine Tante von Kim-Sohn Jong Nam. Von seinem Privatvermögen soll er ein eigenes großes Filmstudio aufgebaut haben.

Die zweite Vorliebe von Kim gilt allem Leiblichen. 1994 bestätigte die Firma Hennessy, dass Kim Jong-il zwei Jahre hintereinander ihr größter Einzelkunde gewesen sei. Inzwischen soll er höchstens eine halbe Flasche Wein am Abend trinken. Das Rauchen hat sich Kim Jong-il angeblich 1999 abgewöhnt. Auf Anraten seiner Ärzte musste er auf seine drei Päckchen Dunhill täglich verzichten – damit er nicht allein blieb, hatte auch jeder Offizier der nordkoreanischen Volksarmee mit ihm aufzuhören. Auch über seinen großen Appetit auf kulinarische Köstlichkeiten kursieren Berichte: Ausgerechnet das Sushi aus der Küche von Erzfeind Japan hat es dem Diktator angetan – sein ehemaliger Koch berichtete, dass er tonnenweise edlen Fisch in Tokio besorgen musste.

Über Frauen und Familie im Leben von Kim Jong-il ist ebenfalls einiges bekannt und relativ gut belegt. Seine Mutter Kim Jeong-suk starb im Alter von 32 Jahren und ließ den siebenjährigen Sohn Jong-il im Schatten des Vaters zurück. Sie wird heute in Nordkorea neben Mann und Sohn als einer der „drei Generäle" vom Berg Paekdu verehrt, die gegen die Japaner kämpften. Über Kim Jong-ils erste Ehefrau weiß man im Westen nur wenig, es soll eine Liebe aus Studententagen gewesen sein. Das Paar ließ sich nach wenigen Jahren scheiden. Seong Hae-rim, eine nordkoreanische Starschauspielerin, war zwei Jahrzehnte lang Kim Jong-ils große Liebe. Sie ist die Mutter von Kims erstem Sohn Jong-nam. Kim soll sie wegen dieses Sohnes dazu gezwungen haben, in einen seiner Wohnsitze umzuziehen. Ihren Mann und ihr Kind musste Seong verlassen. Ehefrau von Kim Jong-il wurde sie trotzdem nicht. Jahre später hat er sie verlassen. Sie erkrankte vermutlich auf Grund des psychischen Drucks an einem Nervenleiden und ließ sich im Moskauer Exil psychiatrisch behandeln. Dort starb sie 2002.

Kim Kyung-hee ist die Frau, die in der Öffentlichkeit an der Seite von Kim Jong-il auftaucht. Sie gilt als die „First Lady" von Nordkorea, aber sie ist nicht die Ehefrau, sondern die jüngere Schwester des Geliebten Führers. Kim Kyung-hee ist mit Jang Seong-taek verheiratet, einem Mitglied aus dem inneren Zirkel der Macht. Kim Jong-ils Ehefrau heißt Kim Young-sook. Sie ist die Tochter eines hochrangigen Militärbeamten und wurde deswegen von Vater Kim Il-sung persönlich in den frühen 70er Jahren zur Frau seines Sohnes bestimmt, so wie früher in Korea üblich. Als guter Sohn fügte sich Kim Jong-il in sein Schicksal und heiratete Kim Young-sook 1974. Sie ist die Mutter seiner einzigen Tochter und gilt als seine „offizielle" Frau. Aber nicht sie, sondern Ko Young Hee begleitet Kim Jong-il auf seinen militärischen Inspektionen. Ko ist in Japan aufgewachsen und kam mit einer Rückwanderungswelle Anfang der 60er Jahre nach Nordkorea. Dort fiel das hübsche Mädchen dem damaligen Präsidentensohn in einer staatlichen Tanztruppe auf. Sie ist die Mutter des 1981 geborenen Sohnes Kim Jong-chul.

Man kann sich nur schwer vorstellen, dass der ewige Sohn Kim Jong-il bereits selbst mehr als 60 Jahre alt ist und über seinen Nachfolger nachdenkt. Aber so wie sein Vater ihn bereits als 30-jährigen zum politischen Erben ausgewählt hatte, so könnte sich auch Kim Jong-il bereits entschieden haben, wer in seine eigenen Fußstapfen treten soll. Der konfuzianischen Tradition folgend müsste dies eigentlich sein erster Sohn Kim Jong-nam sein, der 1971 geboren wurde. Die Existenz des Jungen war einmal „das bestgehütete Geheimnis von Nordkorea", sagte dessen Tante Seong Hae-rang. Kim Jong-il war nach ihrer Aussage vernarrt in seinen ersten Sohn. Kim Jong-nam litt unter der eingeschränkten Freiheit, die der Vater verordnete. Er begehrte gegen seine Isolation in den Villen des Kim-Clans auf und begann heftig zu trinken. Im Herbst 2001 wurde der damals 29-jährige auf einen britischen Tipp hin festgenommen, als er mit einem falschen Pass nach Japan einreisen wollte. Er enthüllte der japanischen Grenzpolizei seine wahre Identität und rechtfertigte sich damit, er wollte seinem Sohn Disneyland zeigen. Die Japaner befragten den ungebetenen Gast drei Tage lang und schoben ihn nach China ab.

Kim Jong-nam dürfte sich mit dem gescheiterten Ausflug nach Disneyland als möglicher Thronfolger disqualifiziert haben. In Seoul hält sich deshalb hartnäckig das Gerücht, dass Kim Jong-il jetzt einen Sohn aus seiner Beziehung mit Ko Young-hee als politischen Erben bevorzugt. Ein Indiz dafür: Seit einiger Zeit läuft eine offizielle Kampagne, die Ko Young-hee als „respektierte Mutter" und „loyalen Untertan" glorifiziert. Es sieht ganz danach aus, als ob Ko Young-hee einmal in das nationale Heldenpantheon aufrücken soll – was einem ihrer beiden Söhne eine schnelle Karriere garantieren würde. Allerdings hieß es Mitte Oktober 2003 in Tokio, die damals 50-jährige Ko sei bei einem Autounfall schwer am Kopf verletzt worden. In Südkorea wurde prompt über einen Anschlag spekuliert, zumal Kim Jong-il sich nach dem Unfall wochenlang nicht in der Öffentlichkeit blicken ließ. Ohnehin stellt sich die Frage, ob die Kim-Dynastie noch lange genug an der Macht bleiben kann, um die nächste Generation auf den Thron zu heben.

5. Die neue Atomkrise

Ende Dezember 2002, knapp ein Jahrzehnt nach dem Atomstreit zwischen Nordkoreas Präsident Kim Il-sung und US-Präsident Bill Clinton, fand in der Atomanlage von Yongbyon eine seltsame Feier statt. Etwa Hundert nordkoreanische Beamte öffneten Dutzende von Plomben, die den Zugang zu dem 5-Megawatt-Reaktorgebäude blockierten. Die einzigen Zuschauer waren zwei UN-Inspekteure, die im Auftrag der Wiener Atomenergie-Organisation IAEO eigentlich verhindern sollten, dass Nordkorea dieses Kraftwerk nutzt. Danach stülpten die koreanischen Offiziellen Tücher über die UN-Kameras, die den Reaktorkontrollraum überwachten. Ihre getane Arbeit feierten die Beamten mit einer Runde Bier. Am nächsten Tag entfernten sie auch die Plomben und Kameras von einer Halle mit einem Kühlbecken, in dem Tausende von abgebrannten Brennelementen lagerten. Außerdem öffneten sie eine nahe gelegene Fabrik zur Gewinnung von Plutonium – beide Gebäude waren ebenfalls seit fast zehn Jahren versiegelt. Einen Tag darauf suchte ein koreanischer Beamter die zwei Atom-Wächter in ihrem Gästehaus auf und teilte ihnen lächelnd mit, es sei Zeit zu gehen. Auf der nächsten Maschine nach Peking gebe es noch zwei freie Plätze. Die Inspekteure verließen Nordkorea mit zweihundert ausrangierten Plomben und vierzehn Überwachungsvideos im Gepäck. Wenige Tage später kündigte Nordkorea zum zweiten Mal binnen zehn Jahren den Atomwaffensperrvertrag.

So erreichte die zweite Atomkrise ihren vorläufigen Höhepunkt. Sie war im Oktober 2002 ausgebrochen, als die Vereinigten Staaten mitteilten, Nordkorea habe heimlich weiter an der Atombombe gearbeitet. Das habe die Führung des Landes beim Besuch des US-Sondergesandten James Kelly zugegeben. Die nordkoreanischen Gastgeber hätten zuerst dementiert, dass sie wider alle Vereinbarungen und Zusicherungen weiter an Atomwaffen arbeiteten. Aber das Dementi habe keine 24 Stunden gehalten. Völlig unerwartet habe Vizeaußenminister Kang Seok-ju den amerikanischen Verdacht bestätigt, so berichteten die Verhandlungsteilnehmer der USA, dass Nordkorea ein Programm zur Anreicherung von Uran habe – neben der Plutoniumproduktion der zweite Königsweg, um an Spaltmaterial für Atombomben zu kommen. Zugleich kündigte Pjöngjang in dem Gespräch das Genfer Abkommen von 1994 auf. Die Regierung von Präsident George W. Bush verschwieg das nordkoreanische Geständnis tagelang, denn es hatte sie völlig unvorbereitet getroffen. Niemand in Washington hatte damit gerechnet, dass Nordkorea sein zweites Atomprogramm tatsächlich zugeben würde. Die Experten rätselten über die Motive – und konnten sich wie üblich nicht einigen. Was die einen als neue Runde im Pokerspiel um mehr Hilfe interpretierten und damit als einen Ausdruck der Verzweiflung des Regimes, war für die anderen die logische Reaktion auf die Kehrtwende der amerikanischen Nordkorea-Politik. Für beide Interpretationen lassen sich ausreichend Argumente finden.

Gebrochene Versprechen

Nordkorea hatte sich nicht an seine nuklearen Zusagen gehalten. Die Anreicherung von Uran ist im Genfer Rahmenabkommen zwar nicht ausdrücklich verboten worden. Nordkorea hat sich nur verpflichtet, seine Anlagen zur Gewinnung von Plutonium stillzulegen. Aber zumindest den Geist dieses Abkommens hat Nordkorea verletzt. Die begonnene Urananreicherung verstieß allerdings definitiv gegen den Atomwaffensperrvertrag, den Nordkorea 1985 auf Druck der Sowjetunion unterzeichnet und in dem Abkommen von 1994 bestätigt hatte. Sie widersprach auch dem 1991 geschlossenen innerkoreanischen Abkommen über eine atomwaffenfreie Halbinsel. Mit dem Vertrag verzichteten beide Koreas nicht nur auf die Produktion und die Stationierung, sondern auch auf die Entwicklung von Nuklearbomben.

Das nordkoreanische Know-how zur Urananreicherung stammte höchstwahrscheinlich von Pakistan. Die pakistanische Ministerpräsidentin Benazir Bhutto soll bei einem Besuch im Dezember 1993 Blaupausen für die nordkoreanische Mittelstreckenrakete Rodong bekommen haben. Im Gegenzug soll Pakistan dafür später Blaupausen für die Anreicherung von Uran geliefert haben. Der Vater des pakistanischen Atomprogramms, A. Q. Khan, besuchte Nordkorea Mitte der 90er Jahre mehrmals unter großer Geheimhaltung. Khan hatte als Atomwissenschaftler in Hamburg gearbeitet und Unterlagen über Gaszentrifugen – dem wichtigsten Instrument bei der Anreicherung von waffenfähigem Uran – in den Niederlanden gestohlen.

Zu dieser Zeit durchlebte Nordkorea gerade seine schwerste Nachkriegskrise. Eine Hungersnot war ausgebrochen, das Ergebnis von schweren Überschwemmungen und einer verfehlten Agrarpolitik. Hunderttausende Menschen starben. Die Hungerkastrophe fiel in die dreijährige Trauerperiode nach dem Tod des Staatsgründers Kim Il-sung. Die nordkoreanische Elite befürchtete, die USA würden ihre Zusagen aus dem Genfer Rahmenabkommen nicht einhalten und statt dessen auf Nordkoreas Kollaps warten. Der amerikanische Kongress wollte den versprochenen Nichtangriffspakt nicht unterzeichnen, gleichzeitig wurden militärische Pläne einer US-Invasion bekannt. Möglicherweise kam die nordkoreanische Führung deshalb zwischen 1996 und 1998 zu dem Schluss, dass ein zweites Atomprogramm eine gute Versicherung für den Fall einer erneuten Konfrontation wäre. Pjöngjangs Außenminister warnte die USA im Mai 1998: „Unsere Generäle und die Atomindustrie bestehen darauf, das Atomprogramm wieder aufzunehmen." Wenn die USA die Beziehungen nicht normalisierten, müsste Nordkorea Konsequenzen ziehen.

Allerdings ist die Urananreicherung ein aufwändiger und langwieriger Prozess. Nordkorea musste das Material für eine Fabrik mit Gaszentrifugen über Scheinfirmen auf dem Weltmarkt einkaufen. Selbst wenn mehrere Tausend Zentrifugen jahrelang laufen, reicht das angereicherte Uran gerade für ein bis zwei Bomben. Bereits 1998 entstand das erste Gerücht über die Existenz eines solchen Programms, als amerikanische Spionagesatelliten neue Stollen entdeckten, die in einen Berg hineingetrieben wurden. Nach sechsmonatigen Verhandlungen durfte ein US-Team die unterirdischen Räume inspizieren. Washington musste für die Durchsuchungs-Erlaubnis 600 000 Tonnen Lebensmittel liefern und ein Programm für Kartoffelanbau finanzieren. Gefunden wurde nichts: „Die größte Tiefgarage der Welt", witzelte damals ein US-Geheimdienstler. Die USA blieben trotzdem misstrauisch, weil Nordkorea Ende der 90er Jahre anfing, auf dem Weltmarkt Teile für Gaszentrifugen zu besorgen. Diese Einkäufe sollen laut CIA nach dem Amtsantritt von Präsident Bush im Jahr 2001 zugenommen haben.

Auf politischer Ebene liefen derweil schon seit einigen Jahren die Abrüstungsgespräche weiter. Ende der 90er Jahre verhandelten Nordkorea und die Clinton-Regierung über eine Einstellung der Raketenrüstung weiter. Dabei hatte der amerikanische Präsident nach der Machtübernahme von Kim Jong-il „persönlich" für die Einhaltung des Rahmenabkommens gebürgt und dies „Seiner Exzellenz, dem Obersten Führer" sogar schwarz auf weiß mitgeteilt. Nordkorea hatte sich auf die Vorschläge eingelassen, die der Sondergesandte William Perry überbrachte. Dazu gehörten eine Bestätigung der bisherigen Atom-Vereinbarungen und die Einstellung der Raketen-Rüstung. Anlässlich des Washington-Besuches von Vizemarschall Ju Myeong-rok, als Stellvertretender Vorsitzender der Nationalen Verteidigungskommission die Nummer Zwei in der Hierarchie Nordkoreas, erklärten die beiden Länder im Jahr 2000, „keine Regierung habe feindselige Absichten gegen die andere". Einige argumentieren, in der Retrospektive habe Nordkorea die USA damals bewusst getäuscht. Andere meinen, das zweite Atomprogramm habe einen defensiven Charakter gehabt und stehe deshalb nicht im Widerspruch zu der Washingtoner Erklärung.

Bill Clinton machte sich am Ende seiner Amtszeit sogar Hoffnungen, ein weitreichendes Raketen-Abkommen aushandeln zu können. Nordkorea sollte darauf verzichten, Mittel- und Langstreckenraketen herzustellen, zu testen, zu stationieren und zu exportieren. Dafür verlangte Nordkorea einen „Ausgleich in bar" von einer Millliarde Dollar jährlich. Die USA lehnten dies allerdings ab. Statt dessen einigte man sich im September 1999 in Berlin darauf, dass Nordkorea auf weitere Raketentestflüge verzichten und die USA dafür ihre wirtschaftlichen Sanktionen beenden würden. Kim lud Clinton nach Pjöngjang ein, um den Raketenvertrag zu unterschreiben. Clinton war „mehr als interessiert an dieser Reise", erinnert sich US-Außenministerin Madeleine Albright in ihren Memoiren. Aber er wollte zu jener Zeit auch einen Durchbruch im Nahen Osten erreichen und lud, um Washington nicht verlassen zu müssen, seinerseits den Nordkoreaner in die USA ein. Kim lehnte ab, weil er Clinton zuerst eingeladen hatte. Indem George W. Bush diesen Faden nicht aufgenommen habe, so Albright, habe er leichtfertig eine diplomatische Gelegenheit vertan.

Die neue Regierung des Clinton-Nachfolgers war allerdings gar nicht daran interessiert, diese Gelegenheit beim Schopf zu packen. Sie sah darin „Appeasement" – eine feige Beschwichtigungspolitik – und nahm Nordkorea als „erfolgreichen Erpresser" wahr. Deshalb hatte sie auch Vorbehalte gegen die Entspannungspolitik des südkoreanischen Präsidenten Kim Dae-jung. Präsident Bush ließ Kim bei seinem Besuch in Washington auflaufen und platzierte wenig später Nordkorea auf der „Achse des Bösen". Das kam für alle überraschend – sicher auch für Nordkorea selbst. Der Redenschreiber von Präsident Bush, David Frum, hatte zuerst „Achse des Hasses" vorgeschlagen. Dazu zählte er den Iran, den Irak sowie das Al Qaida-Netzwerk. Nordkorea wurde nach seinen Angaben dazugenommen, weil es sonst eine islamische Achse geworden wäre.

In Pjöngjang hatten seit dem Jahr 2000 alle Weichen auf grün gestanden: Kim Jong-il hatte bei einem Gipfeltreffen mit Südkoreas Präsident Kim Dae-jung die innerkoreanische Verständigung eingeleitet. Von dort bekam er kostenlosen Reis und industrielle Investitionen, ohne dass er große politische Zugeständnisse machen musste. Mit Japan verhandelte Kim über ein Gipfeltreffen, das seinem Land politische Anerkennung und großzügige wirtschaftliche Hilfe bringen sollte. Kim hatte die chinesische Boom-Metropole Shanghai besucht und Anweisung erteilt, eine Wirtschaftsreform nach chinesischem Vorbild auszuarbeiten. Vom einstigen Hauptgegner im Korea-Krieg, den USA, wähnte sich der Führer in Pjöngjang anerkannt. Mit anderen Worten: Kim Jong-il war auf dem besten Weg, die außenpolitische Isolierung seines Landes zu überwinden, dessen Pariahstatus abzuschütteln und sich frisches internationales Geld für seine bankrotte Wirtschaft zu verschaffen. Das waren die Ziele seiner Entspannungsoffensive. Ausgerechnet zu diesem Zeitpunkt erklärte Präsident Bush – wie sein Vater zehn Jahre zuvor – Nordkorea wieder zum Feind und fiel damit in das alte Muster der Vor-Clinton-Zeit zurück.

Dennoch hielt Kim Jong-il zunächst an seiner Öffnungspolitik fest. Er hoffte auf positive Reaktionen, weil seine Gegner und Nachbarn, so sein Kalkül, ihrerseits auf Friedensdividenden spekulieren würden. Der innerkoreanische Gipfel im Juni 2000 war der wichtigste Zug in dieser neuen koreanischen Schachpartie. Kim appellierte damit eindrucksvoll an die nationalen Gefühle der Koreaner, vor allem in der Absicht, im Namen der Einheit des Landes dem Bruder im Süden tief in die Tasche zu greifen. Schon das Treffen selbst ließ sich Kim vergolden: 300 Millionen Dollar musste Südkoreas Vorzeigekonzern Hyundai in Nordkorea investieren, 100 Millionen Dollar gingen offenbar auf Kims eigene Konten im Ausland. Das fand später ein vom Parlament in Seoul eingesetzter Sonderstaatsanwalt heraus. Alle Vereinbarungen des Gipfels waren mit zum Teil hohen Geldzahlungen verbunden: Familienzusammenführungen, Straßen- und Eisenbahnbau, Industrieparks, Tourismus. Im selben Jahr arbeitete Kim Jong-il auch an dem bereits erwähnten Raketengeschäft mit den USA.

Schließlich bereitete Nordkorea die Versöhnung mit Japan vor. Im September 2002 kam es knapp 60 Jahre nach Kriegs- und Kolonialzeit-Ende in Pjöngjang zum ersten Treffen der politischen Spitzen. Kim Jong-il wollte dabei die letzten japanischen Vorbehalte gegen diplomatische Beziehungen aus dem Weg räumen und entschuldigte sich für die Entführung von zwölf Japanern nach Nordkorea in den 70er und 80er Jahren, die Nordkorea bis dahin geleugnet hatte. Dieses Sündenbekenntnis bedeutete einen enormen Gesichtsverlust für das Regime, sollte aber zu neuen Einnahmen führen, so hoffte Kim: Unter dem Etikett „Wirtschaftshilfe" würde Japan Nordkorea die Schäden der Kolonialzeit mit bis zu 20 Milliarden Dollar kompensieren. Japan hatte bereits Mitte der 60er Jahre eine ähnliche Summe an Südkorea gezahlt.

Aber Kim Jong-il hatte die Wirkung seiner Charme-Offensive überschätzt. Südkorea, Japan und die USA blieben misstrauisch, weil sich Nordkorea stets nach ersten überraschenden Paukenschlägen nur dann bewegte, wenn es gar nicht mehr anders ging. Kurz nach der Fußball-Weltmeisterschaft zum Beispiel musste sich Nordkorea erstmals seit dem Korea-Krieg für einen militärischen Zwischenfall entschuldigen. Im Gelben Meer kamen bei einer Schießerei mehrere südkoreanische Marinesoldaten ums Leben. Dadurch schlugen die Wogen in Seoul so hoch, dass der Norden die Gutwilligkeit des Südens nur durch eine schnelle Demutsgeste zurückgewinnen konnte. Aber schon bei der nächsten Gelegenheit hetzten Nordkoreas Medien wieder in gewohntem Stil gegen den Nachbarn. Nicht nur Südkorea begann zu dämmern, dass Nordkorea nur das Allernotwendigste tat, um den Eindruck aufrechtzuerhalten, es wolle sich wirklich öffnen und wandeln.

Im Herbst 2002 zeichnete sich endgültig ab, dass trotz der mutigen Öffnungsschritte die erhoffte finanzielle Hilfe nicht so schnell kommen würde, wie sie gebraucht wurde. Südkorea hatte sich weniger leicht manipulieren lassen als erwartet: Staat und Unternehmen investierten zwar im Norden, aber lange nicht im erwarteten Umfang. Im Fall Japans ging Kims Eingeständnis der Entführungen nach hinten los. Tokio bestand auf der Ausreise der Entführten und ihrer Familien. Die erhofften Milliarden würden erst am Ende eines längeren Annäherungsprozesses fließen – viel zu spät für die desolate Lage des Landes. Auch das Raketengeschäft mit den USA kam nicht mehr zustande. Mit Clintons Nachfolger Bush ließen sich keine einträglichen Geschäfte mehr aushandeln. In Washington hatten jetzt die Moralisten das Sagen, die realpolitische Tauschgeschäfte ablehnten. Sie lasen in den Annäherungs-Signalen aus Pjöngjang die Arroganz des Bösen. Damit war der nordkoreanische Versuch, sich für die Öffnung kräftig belohnen zu lassen, im Prinzip gescheitert. Das dringend benötigte Kapital rückte wieder in unerreichbare Ferne – und damit die Aussicht auf mehr Energie, Nahrung und Produktion.

Die überraschende Anschuldigung der USA im Oktober 2002, Nordkorea habe heimlich ein zweites Atomprogramm begonnen, kam der Führung in Pjöngjang deshalb möglicherweise gerade recht, um das Steuer herumzureißen und wieder auf die bewährte Provokations- und Erpressungstaktik umzuschalten. Statt mit dem Frieden zu locken, um an Geld zu kommen, drohte Nordkorea – wie zehn Jahre zuvor – mit der Atombombe, frei nach dem koreanischen Sprichwort: In der Not beißt die Maus die Katze. Damit hatte Nordkorea sich letztlich genauso verhalten, wie man es in Washington erwartet hatte. Präsident Bush fühlte sich bestätigt.

Déjà-vu in Yongbyon

Die Reaktionen ließen nicht lange auf sich warten: Auch Nordkorea griff sofort in die Mottenkiste und fand als erstes das Drehbuch der Krise von 1993/94. Diesmal allerdings führte Pjöngjang den alten Film im Zeitraffer vor. Was in der ersten Fassung achtzehn Monate gedauert hatte, nahm jetzt nur noch drei Monate in Anspruch: Nordkorea kündigte an, sein Plutonium-Programm wieder aufzunehmen. Es beendete die Überwachung seiner Atomanlage durch UN-Inspekteure und trat aus dem Atomwaffensperrvertrag aus. Es fuhr das Atomkraftwerk von Yongbyon wieder an und testete neue „Seidenwurm"-Kurzstreckenraketen über dem Japanischen Meer. Letztes verstieß gegen keine Abmachung mit den USA, aber sollte die Bereitschaft zur Auseinandersetzung signalisieren. Mit dieser brüsken Reaktion aus Pjöngjang hatte die Bush-Regierung nicht gerechnet – und wurde damit zum zweiten Mal auf dem falschen Fuß erwischt.

Erneut war die Reaktion der US-Regierung nicht eindeutig: Einerseits verlegte Washington Langstreckenbomber auf die Pazifikinsel Guam und Tarnkappenbomber nach Südkorea. Andererseits versicherten die USA Nordkorea, das Land nicht anzugreifen. Dazwischen betonte Präsident Bush immer wieder, man werde „nukleare Erpressung nicht belohnen" und deshalb solange nicht mit dem Norden reden, bis er seine Atompläne aufgebe. Dann stellten seine Diplomaten für den Fall der Fälle doch wirtschaftliche Hilfen in Aussicht – dabei hatte man gerade aufgehört, Öl und Nahrungsmittel zu liefern. Und während konservative Experten laut über wirtschaftliche Sanktionen und Seeblockaden nachdachten, forderte die Regierung Nordkorea zu Gesprächen auf, bei denen auch seine Nachbarn mit am Tisch saßen. Die Nordkoreaner sollten zunächst ihre Anlagen stilllegen und inspizieren lassen, erst dann könne man über Sicherheitsgarantien und Wirtschaftshilfe reden. Das war genau die umkehrte Reihenfolge, wie sie die Nordkoreaner verlangten. Washington verfolgte keine konsequente Nordkorea-Politik, sondern pendelte monatelang ständig zwischen den Extremen moralischer Empörung und realpolitischer Vernunft hin und her. Erst im Oktober 2003 rang sich Präsident Bush zum Angebot einer multilateralen Sicherheitsgarantie durch, die das Waffenstillstandsabkommen von 1953 ersetzen sollte.

In Pjöngjang sorgte dieses Durcheinander für Verwirrung. Nur langsam begriff die Führung, dass man es mit einem anderen Gegner als vor zehn Jahren zu tun hatte. Er verhielt sich ähnlich stur wie Nordkorea, hatte ebenfalls eine ideologisch festgelegte Meinung und war dadurch genauso schwer zu berechnen wie man selbst. Nordkorea beachtete besonders die Aussagen des amerikanischen „Großen Führers" sehr genau und mit großer Besorgnis. Präsident Bush hatte mehrfach öffentlich seine Abneigung gegen Kim Jong-il erklärt: Bei einem Treffen mit asiatischen Politikern in Shanghai beschimpfte er Kim Jong-il als „Pygmäe", in einem Gespräch mit dem Journalisten Bob Woodward sagte er, er „verabscheue" den nordkoreanischen Führer, und er würde das Regime gerne „stürzen" sehen. Für Nordkorea waren diese Schimpfkanonaden Grund genug, der amerikanischen Führung nicht mehr zu trauen. Kim Jong-il bewegte sich ohnehin nur noch nachts durch sein Land. Während des zweiten Irak-Krieges tauchte er für Wochen unter und versteckte sich angeblich in einem unterirdischen Bunker, weil er einen gezielten Schlag der USA fürchtete.

Aus der Luft gegriffen sind Nordkoreas Befürchtungen nicht. Außer dem erwähnten „chirurgischen Schlag" gegen die nordkoreanische Atomanlage wurde 1998 in US-Medien berichtet, das Pentagon habe eine neue Doktrin für eine Invasion von Nordkorea entwickelt. Später haben die USA in ihrer neuen Militärdoktrin Nordkorea zum möglichen Ziel eines Präventivschlags erklärt. Verglichen mit dem Irak sind die Kosten eines zweiten Korea-Krieges unkalkulierbar hoch – immerhin kann der Irak seine Schulden mit Öl zurückzahlen. Den Irak hatten die USA schon einmal besiegt, danach hatten die UN-Sanktionen und ständige Luftschläge das Hussein-Regime weiter geschwächt. Dieses Land anzugreifen, war in militärischer Hinsicht ein überschaubares Risiko. Nordkorea besitzt ein anderes Kaliber als der Irak: Bis an die Zähne bewaffnet, im Besitz von atomaren, biologischen und chemischen Waffen, 11 000 unterirdische Geschützrohre auf die Millionenstadt Seoul gerichtet – und seit Jahrzehnten zum totalen Guerilla-Krieg bereit. Ein zweiter Korea-Krieg würde sechs Monate dauern und 100 000 Leichensäcke (für amerikanische Soldaten) erfordern – so schätzte schon der US-Kommandant für Südkorea in der Clinton-Zeit. Das Pentagon berechnete 1994, dass in den ersten 90 Tagen mehr als 50 000 Amerikaner und rund 500 000 Südkoreaner sterben würden. Ein Krieg gegen Nordkorea ist damit eine unrealistische Option. Das ist die Erklärung dafür, warum Präsident Bush Nordkorea im Rahmen von Mehr-Nationen-Gesprächen eine schriftliche Sicherheitsgarantie geben will, während es den Irak eroberte. Vermutlich wird die zweite Atomkrise genauso enden wie die erste:

mit einer zähneknirschenden Abmachung, dass Nordkorea erneut seine Atomprogramme einfriert und außerdem seine Raketen stilllegt, während die USA Nordkorea diplomatisch anerkennen, schriftlich garantieren, es nicht anzugreifen, und finanziell und wirtschaftlich unterstützen. Zu einer solchen umfassenden Lösung scheint Washington (noch) nicht bereit zu sein, aber die ersten Schritte in diese Richtung wurden im Herbst 2003 getan.

Die Gefahr der zweiten Atomkrise in Korea liegt in der hochexplosiven Kombination von alten und neuen Faktoren: der typischen und vorhersehbaren Provokationen und Tricks der Nordkoreaner, der seit langem bestehenden amerikanischen Pläne für den Einsatz von Atomwaffen in Korea und der neuen Bush-Doktrin des Präventivkrieges. Schon ein kleines Scharmützel um die Krabbenfischgründe im Westen Koreas könnte schnell außer Kontrolle geraten und in einen Krieg münden. Seit Beginn der innerkoreanischen Entspannung hat es mehrmals Zwischenfälle gegeben, die in der Vergangenheit zu Eskalationen geführt hätten. Dass Nordkorea sich hier jeweils zurückgehalten hat, wird von einigen Beobachtern als Beweis für seinen Willen zur friedlichen Koexistenz gesehen.

Die neue Bush-Doktrin stammt aus der Feder der Sicherheitsberaterin Condoleeza Rice. Der Präventivkrieg sei „vorwegnehmende Selbstverteidigung" und stehe für „das Recht der USA, einen Staat anzugreifen, von dem man denkt, dass er zuerst attackieren würde". In der Doktrin selbst steht auch der Satz, dass „andere Nationen dies nicht als Vorwand für Aggression benutzen dürfen". Unübersehbar provoziert dieses Denken die Gefahr des blitzschnellen Aufschaukelns einer Konfrontation – bis die ersten Flugzeuge in die Luft steigen. Diesen Ernstfall haben beide Seiten in Korea seit 50 Jahren in Gedanken durchgespielt, auf beiden Seiten würde die Kriegsmaschinerie blitzschnell angefahren und sich womöglich verselbständigen.

Nordkoreanische Verdrehungen

Die antikoreanische Rhetorik von Präsident Bush gab Pjöngjang jedenfalls die perfekte Gelegenheit, in seine liebste Rolle zu schlüpfen und das unschuldige Opferlamm zu spielen. Die nordkoreanische Führung zeigte sich „empört" und nannte die Politik der Vereinigten Staaten „verbrecherisch". Sie begründete ihre Kündigung des Sperrvertrages ausdrücklich damit, dass die USA Nordkorea in die „Achse des Bösen" eingereiht und es zum Ziel eines präventiven Angriffs erklärt hätten. Das sei gleichbedeutend damit, öffentlich den Atomkrieg zu erklären. In der Erklärung zur Kündigung des Sperrvertrages vom 10. Januar 2003 bezeichnete sich Nordkorea selbst als „das Opfer" und rechtfertigte alle Maßnahmen als „legitime Selbstverteidigung".

Zunächst dementierte Nordkorea noch kategorisch, überhaupt ein zweites Atomprogramm zu haben. Es sei lediglich darum gegangen, den USA klarzumachen, dass die „Demokratische Volksrepublik Korea das Recht zum Besitz nuklearer und anderer, noch mächtigerer Waffen für sich in Anspruch nimmt, um ihre Souveränität und ihr Existenzrecht gegenüber der ständig wachsenden atomaren Bedrohung durch die Vereinigten Staaten zu verteidigen". Den Vereinten Nationen teilte Nordkorea mit, dass es zwar Geräte zur Urananreicherung erworben, diese jedoch nicht eingesetzt habe. Alle Berichte über die nordkoreanischen Atomwaffenpläne stammen aus amerikanischen Quellen. Auch die kolportierten Drohungen, mehr Bomben zu produzieren und das Spaltmaterial zu verkaufen, bekamen immer nur amerikanische Ohren zu hören. In seinen offiziellen Erklärungen kündigte Pjöngjang immer nur an, seine nukleare Abschreckung zu verstärken. Explizit und öffentlich hat das Regime bisher den Besitz von Atomwaffen nicht zugegeben – und es wird dies vermutlich erst dann tun, wenn ein neues Atomabkommen unterschriftsreif ist.

Für das nicht eingestandene Atomprogramm rechtfertigte sich Nordkorea dennoch damit, dass die USA das Genfer Rahmenabkommen ebenfalls missachtet und verletzt hätten: Die versprochenen Leichtwasserreaktoren seien nicht pünktlich fertig und die Wirtschaftssanktionen nicht aufgehoben worden, der Nichtangriffspakt sei nicht zustande gekommen. Über diese Interpretation lässt sich trefflich streiten: Der Reaktorenbau in Geumho zum Beispiel verzögerte sich auch durch nordkoreanische Forderungen: Erst wollte Pjöngjang keine Kraftwerke aus südkoreanischer Produktion akzeptieren, dann forderte es überhöhte Löhne für die eigenen Bauarbeiter. Aus diesem Grund bauen heute Ausländer die Kraftwerke. Außerdem hatte Nordkorea 1998 mit dem Versuch, einen Satelliten mit einer neuen Langstreckenrakete ins All zu schießen, viel Porzellan in Washington zerschlagen. Die Verhandlungen von Clinton über ein Raketenabkommen unterstrichen jedenfalls die Ernsthaftigkeit des amerikanischen Friedenswillens. Das im Nachhinein zu leugnen, gehört zur nordkoreanischen Taktik der permanenten Tatsachenverdrehung.

Den amerikanischen Einmarsch im Irak hat Nordkorea wenig überraschend dazu benutzt, seinen Griff nach der Atombombe erneut zu rechtfertigen. Das wichtigste Argument: Wer Inspektionen erlaubt, lädt eine Invasion geradezu ein. Deshalb werde man selbst keine Inspektionen erlauben. Diese nordkoreanische Weigerung erschwert jede diplomatische Lösung: Denn die Amerikaner werden nur einlenken, wenn Nordkorea seine Atomanlagen wieder unter Aufsicht stellt. Darüber hinaus hat das Land erklärt, es habe das souveräne Recht, Raketen und Atombomben herzustellen. Weil man den Sperrvertrag gekündigt habe, verletze man damit keine internationalen Abmachungen mehr. Schließlich haben einige nordkoreanische Diplomaten den Spieß umgedreht und den USA mit Atomschlägen gedroht, falls die Regierung zur Überzeugung komme, ein amerikanischer Angriff stehe bevor.

Auch in anderer Hinsicht verhält sich Nordkorea wie in der ersten Krise. Es bestand erneut auf direkten Verhandlungen mit den USA, vor allem zur Stärkung des nationalen Egos, während es den Bruderstaat Südkorea und den Nachbarn Japan brüskierte. Selbst die russischen und chinesischen Vermittlungsversuche wollte die Führung in Pjöngjang zunächst ignorieren. Dabei übersah man die Unterschiede zur ersten Atomkrise: Diesmal fürchten China und Südkorea den Kollaps des Regimes in Pjöngjang: China hat Angst vor Flüchtlingswellen, Südkorea vor hohen Wiedervereinigungskosten. Bei der ersten Atomkrise gab es noch keine Flüchtlinge und Südkorea wünschte sich den Zusammenbruch von Nordkorea. Beide Länder möchten die Krise kontrollieren und ihren Verlauf mitbestimmen. Dazu kommt: Die massive Forderung nach einem Nichtangriffspakt hat einige US-Politiker stutzig gemacht. Alt-Außenminister Henry Kissinger warnte massiv davor, den geforderten Nichtangriffspakt zu unterschreiben. „Ein solcher Vertrag käme einem Eingeständnis der USA gleich, wonach eine besondere Bedrohung einer besonderen Vereinbarung bedarf", argumentierte Kissinger.

Direkte Verhandlungen zwischen den USA und Nordkorea bergen nach seiner Ansicht zwei weitere Fallen: Zum einen würde Südkorea jeglichen Stillstand den USA vorwerfen und das Verhältnis zwischen Seoul und Washington weiter vergiften. Zum anderen könnte Pjöngjang sich erneut als Sprecher des koreanischen Nationalismus aufspielen und Südkorea als amerikanische Marionette diskreditieren. Bilaterale Verhandlungen hätten nur für Pjöngjang Vorteile: Sie würden das Ansehen von Nordkorea heben, seinen Status einer De-Facto-Atommacht legitimieren und der Diktatur ein Maximum an Flexiblität und ein Minimum an Verpflichtungen geben. Dieser Präzedenzfall würde überdies Anreize zur nuklearen Proliferation auch anderswo schaffen. Deshalb plädiert Kissinger dafür, der Unnachgiebigkeit

Nordkoreas entgegenzuwirken. Das „empörende Ausspielen der nuklearen Karte" müssten die Nachbarländer durch einen multi-lateralen Ansatz konterkarieren – nämlich durch eine Sicherheitskonferenz aller Staaten in der Region.

Die Überlegungen des früheren amerikanischen Außenminis-ters zeigen, dass man in Washington sowohl die nationalistischen Hintergedanken der nordkoreanischen Diktatur erkannt hat – als auch die Gefahren der eigenen Gegenstrategie durchaus ein-schätzen kann. Der inoffizielle Sprecher der nordkoreanischen Regierung, Kim Myong-chol, die einzige analytische Quelle aus dem Umfeld des Regimes, sieht den Despoten in Pjöngjang trotzdem in jedem Fall als Sieger: „Sollten die USA nicht mit Nordkorea verhandeln und keinen Nichtangriffspakt unterschrei-ben, dann wird Nordkorea dies als Rechtfertigung benutzen, sich Atomwaffen zuzulegen. Dann ist der atomare Schutzschirm der USA für die Region durchlöchert, die Stationierung von US-Truppen in Südkorea ergibt keinen Sinn mehr. Auch wenn die USA den Nichtangriffspakt unterschreiben, kann Nordkorea den amerikanischen Faktor neutralisieren, denn nach einem sol-chen Vertrag sind US-Truppen in Südkorea überflüssig. So oder so – Kim Jong-il ist der Gewinner. Die Zeit ist auf seiner Seite." Er fügte hinzu: „Wir brauchen keinen Regimewechsel in Pjöng-jang – sondern in Washington."

6. Zuerst das Militär

Das Lehrstück für die amerikanische Präventivkrieg-Doktrin hat der Irak geliefert. Der Ausgang dieses Krieges bestätigte die schlimmsten Befürchtungen der nordkoreanischen Führung. Den Feldzug wider internationale Konventionen und Widerstände durchgezogen zu haben, war ein unmissverständliches Signal der USA an potentielle Gegner wie Nordkorea. Allerdings hat Präsident Bush bereits deutlich gemacht, dass er in Nordkorea mehr ein „diplomatisches" denn ein „militärisches Problem" sieht. Das heißt im Klartext, dass Washington andere Mittel als im Irak einsetzen wird, um die atomare Herausforderung durch Pjöngjang „präventiv" zu beseitigen: Politischer, militärischer und wirtschaftlicher Druck sollen Nordkorea so lange die Luft abschnüren, bis es zusammenbricht oder sich ergibt.

Der nordkoreanische Führer muss parallel zwei sich überlappende Ziele verfolgen, die einander ausschließen. Erstens muss er sich Atomwaffen beschaffen, um einen amerikanischen Angriff glaubwürdig abzuschrecken und sich gegebenenfalls dagegen zu verteidigen. Zweitens muss er seine verkümmerte Wirtschaft wieder aufbauen, denn nur dann kann er sich seine konventionellen Streitkräfte leisten. Sie sind noch vor den Atomwaffen sein wichtigstes Instrument, um Südkorea samt den dort stationierten US-Soldaten zu bedrohen und von einem Angriff abzuhalten. Das Dilemma des Führers: Er kann sich Atomwaffen zulegen und dadurch die USA in Schach halten. Aber dann bleibt seine Wirtschaft tot – und seine Streitkräfte müssen darben. Wenn er die Ökonomie mit internationaler Hilfe wieder beleben will, muss er auf seine Atomwaffen verzichten und damit einen Angriff der Amerikaner riskieren. Bei der Wahl zwischen Abschreckung und Wirtschafts-Sanierung wird er seine Deckung nur verlassen, wenn die Bush-Regierung bereit ist, eine nord-koreanische Wirtschaft zu sanieren, an deren Spitze weiterhin Kim Jong-il steht. Das Beispiel Irak zeigt Nordkorea, dass die USA unter George W. Bush wohl kaum so handeln würden.

Auf den ersten Golfkrieg hat Nordkorea reagiert, indem es seine Militärstrategie änderte. Das Vorhaben, Südkorea im Kriegsfall durch klassische Manöver zu besetzen, war nicht mehr möglich. Stattdessen legte Nordkorea so viele Truppen wie möglich an die Grenze, die sich dort in unterirdischen Bun-kern verstecken. Sie haben genug Brennstoff und Nahrung, um von dort Seoul ausdauernd mit Artillerie- und Raketenfeuer zu beschießen. Tausende von Sonderkommandos sollen im Kriegs-fall nach Südkorea einsickern, dort für Chaos sorgen und die US-Kasernen angreifen. Während der 90er Jahre steckte Nordkorea sein Geld vor allem in diese Strategie und vernachlässigte den üb-rigen militärisch-industriellen Komplex.

Der zweite Golfkrieg hat Nordkorea erneut zum Umdenken gezwungen. Zum einen auf Grund der neuen US-Strategie des „präventiven Angriffs", zum anderen wegen des waffentech-nischen Fortschritts der Amerikaner. Ihre Munition ist noch „in-telligenter", präziser und stärker geworden, so dass sie schon in absehbarer Zeit die Untergrundbunker hinter der innerkorea-nischen Grenze zerstören könnte. Die ferngelenkten Bomben und Marschflugkörper gefährden auch die Abschussrampen der eigenen Raketen. Dadurch wackeln die zwei wichtigsten Grund-pfeiler der nordkoreanischen Verteidigung. Für Pjöngjang ist da-mit der Zeitpunkt der Entscheidung gekommen. In einem außer-gewöhnlichen Schritt hat das Regime im März und April 2003 Dokumente veröffentlicht, in denen das Militär zur Grundlage der nordkoreanischen Revolutionsstrategie erklärt wurde. Die Strategie „verlangt, dass militärische Fragen Vorrang vor allen an-deren Themen haben". Die Armee steht über der Arbeiterklasse

„bis zu dem Punkt, dass die Armee die lebenswichtigste Gruppe der Gesellschaft ist". Die Erklärung gipfelt in dem Satz: „Der Gewehrlauf hat seinen Platz über dem Hammer und der Sichel." Die „Militär-Zuerst-Doktrin" (auf koreanisch *Songun*) stellte drei Vorgaben für die Armee auf: Sie soll die Souveränität schaffen und sichern. „Nichts ist wichtiger und dringender als die Reihen der Streitkräfte zu stärken", mit dem Ziel, „eine unsichtbare revolutionäre Armee zu schaffe." Eine autarke und starke Wirtschaft verschaffe Nordkorea nicht genügend Sicherheit. „Wenn die Gewehrläufe schwach sind, wird das Land letztendlich von Kräften von außerhalb verschlungen, egal wie groß seine Wirtschaftskraft und wie fortgeschritten Wissenschaft und Technik sind", so der Artikel in der Parteizeitung „Rodong Sinmun".

In einem Artikel zwei Wochen später gaben die Ideologen zu, dass „mächtige Gewehrläufe eine moderne Wirtschaft brauchen". Trotzdem gehöre die Führungsposition der Armee. Die Militärindustrie, vor allem die Schwerindustrie, komme zuerst. „Erst wenn wir die Grundlage einer nationalen Verteidigungsindustrie geschaffen haben, können wir die anderen wirtschaftlichen Felder erneuern, darunter die Leichtindustrie und die Landwirtschaft." Deshalb werde die „harte Linie" der Amerikaner auf eine „ultra-harte Linie" von Nordkorea stoßen. Weitere drei Tage später kündigte Nordkorea in einem Bericht der staatlichen Nachrichten-Agentur KCNA an, dass nur eine „physische Abschreckungsmacht, eine furchtbare militärische Abschreckungsmacht kraftvoll genug ist, um eine Attacke zurückzuschlagen, die mit ultra-modernen Waffen ausgeführt wird". Mit dieser „Militär-Zuerst-Doktrin" hat Nordkorea seine Antwort auf den zweiten Irak-Krieg gegeben. Mit der „furchtbaren militärischen Abschreckungsmacht" könnten die Streitkräfte selbst gemeint sein, die zur Grundlage des Staates erklärt wurden – oder man deutet den Besitz von Atomwaffen an. Man kann diese Erklärungen als Propaganda abtun. Aber auch totalitäre Regime wie Nordkorea müssen sich rechtfertigen, wenn sie ihre ideologische Position prinzipiell neu definieren. Seit dem März 2003 ist Nordkorea auch offiziell ein Land, in dem sich alle Belange den Interessen des Militärs unterzuordnen haben. Und um einen Angriff mit ultra-modernen Waffen zurückzuschlagen, hat dieses Militär eigentlich nur eine Möglichkeit: sich atomar zu bewaffnen.

Die neue „Militär-zuerst-Politik" ist der Höhepunkt einer rund zehnjährigen Entwicklung, die Kim Jong-il persönlich zu verantworten hat: Er hat sich das Militär systematisch als seine eigentliche Machtbasis herangezogen. Ihr Ursprung findet sich im Aufstieg des heutigen Führes zum Chef der Streitkräfte Anfang der 90er Jahre. Damit die dynastische Erbfolge nicht am mächtigen Offizierskorps scheiterte, hatte sein Vater Kim Il-sung im Dezember 1991 persönlich 20 000 Politoffiziere, Generäle und kommandierende Offiziere auf den neuen Oberbefehlshaber Kim Jong-il eingeschworen. Die übrigen Armee-Einheiten verpflichtete die Führung in besonderen Gelöbnissen. Dabei sangen die Soldaten erst Kim Jong-il gewidmete Lieder und schworen ihm dann unbedingten Gehorsam. Wenige Monate später wurde der Sohn zum Marschall und der Vater zum Obersten Befehlshaber ernannt. Die Medien erhoben Kim Jong-il zu dem „ausgezeichnetsten Militärgenie, das der Himmel jemals erzeugt hat", zu „einem großartigen General aus Stahl, der 100 Siege in 100 Schlachten errungen hat". In den nächsten Jahren ging eine Welle von Beförderungen durch die Streitkräfte: Hunderte von Offizieren stiegen zu Generälen auf. Dank seiner neuen Stellung konnte Kim Jong-il durch gezielte Förderung eine ihm verpflichtete Gruppe von Offizieren in Schlüsselpositionen bringen. Ihre wichtigste Qualifikation: Loyalität. Bereits in den späten 90er Jahren verdankte die große Mehrheit der 1200 nordkoreanischen Generäle ihren Rang Kim Jong-il. Unmittelbar nach der Machtübernahme erklärte er die Armee zum offiziellen „Pfeiler und zur Hauptkraft der Revolution". 1998 machte Kim die Position des Armeechefs, die er bereits innehatte, zum höchsten Staatsamt. Seitdem zeigt der Große General durch zahlreiche Besuche bei den Truppen, wie sehr ihm die Armee am Herzen liegt. So galten allein 1998 knapp die Hälfte seiner so genannten „Vor-Ort-An-leitungen" militärischen Einrichtungen.

Die Generäle und andere Parteigänger verwöhnte der neue Führer mit üppigen Geschenken. Am liebsten verteilt Kim Jong-il nagelneue Mercedes-Limousinen. 1998 überraschte er den Stutt-garter Konzern, als er mitten in der Hungerkrise 200 Limousinen der S-Klasse zum Stückpreis von 100 000 US-Dollar bestellte: Der Gesamtpreis von 20 Millionen Dollar entsprach einem Fünf-tel der Summe, die Nordkorea in jenem Hungerjahr von den Ver-einten Nationen bekam. Das Nummernschild „2-16" kennzeich-net das Fahrzeug als persönliches Geschenk des Führers: Die Ziffern stehen für seinen Geburtstag am 16. Februar. In Nord-korea soll es insgesamt 8000 Mercedes-Limousinen geben, ver-mutet man in Seoul. DaimlerChrysler schickt deshalb für sechs Monate im Jahr einen Werksmechaniker nach Pjöngjang, um den Fuhrpark der Armee- und Partei-Elite zu warten.

Die Armee als eigentliche Machtstütze zu wählen, hat für Kim Jong-il einige unbestreitbare Vorteile. Offiziere denken na-tionaler als Zivilisten, sie haben weniger Kontakte zum Ausland als andere Offizielle. Soldaten in Nordkorea haben einen höhe-ren Lebensstandard als die einfache Bevölkerung, deshalb haben sie ein höheres Interesse, den Status quo zu wahren. Sie werden schneller Parteimitglied und gelangen deshalb eher auf die Kar-riereschiene der Nomenklatura. Was die Generäle über die Kom-petenz des angeblichen „Militärgenies" Kim Jong-il wirklich den-ken, lässt sich kaum herausfinden. Viele werden hinter ihm stehen: Jede Abweichung von der offiziellen Linie trifft auch ihre Familien hart. Warum sollten sie ihren privilegierten Platz an der Sonne aufgeben? Selbst wenn sie ihn stürzen würden, könnten sie Nordkoreas myriadenfache Probleme kaum lösen. Sie erkennen, wie Kim Jong-il sich um Dollar, Euro und Yen bemüht, um die Armee- und Parteielite bei Laune zu halten. „So lange das Militär die Privilegien behalten kann, die es heute genießt, so lange wird es auch keine ernsthaften Spannungen an der Führungsspitze geben", meint der japanische Regierungsberater Hajime Izumi. „Diese gute Versorgung allerdings aufrechtzuerhalten – das wird ziemlich schwierig sein."

In den letzten Jahren waren immer wieder Gerüchte über Putschversuche und Anschläge auf Kim Jong-il zu hören. Im Februar 2002 soll der „Geliebte Führer" durch Schüsse verletzt worden sein und sich davon nur mühsam wieder erholt haben. Das berichteten Nordkoreaner, die über China nach Südkorea geflüchtet sind. Möglicherweise steckt hinter diesen Meldungen nichts als Wunschdenken. Kim Jong-il ist der Staat, deshalb muss die Armee sein Regime genauso sorgfältig schützen wie die Nation selbst. Das Offizierskorps scheint sich eher auf die Bedrohung von außen zu konzentrieren. Solange sie existiert, bleiben Bedeutung und Machtfülle des nordkoreanischen Militärs gerechtfertigt. Kim Jong-il selbst soll seinen Offizieren nicht sehr vertrauen. Wenn er Armee-Einheiten besucht, müssen die Soldaten vorher ihre Waffen abgeben. Bei Militärparaden treten die Truppen ohne ihre Schusswaffen an. Angeblich darf nur die Elitegarde, die ihm besonders treu ergeben ist, mit Gewehren aufmarschieren. Scharfe Munition bekommen sie nach Berichten von Überläufern aber nicht.

Die politische Stärkung des Militärs ist ein zweischneidiges Schwert. Auf der einen Seite könnte sie eine feindliche Rüstungsspirale erzeugen: Um einen Angriff glaubwürdig abzuschrecken, muss Nordkorea immer weiter aufrüsten. Dieses Wettrennen kann sich das Land noch viel weniger leisten als die alte Sowjetunion: Allein Südkorea gibt jedes Jahr mehr als doppelt so viel Geld für seine Armee und Waffen aus wie Nordkorea. Die USA wollen in den nächsten Jahren ihre Truppen in Südkorea mit zehn Milliarden Dollar modernisieren, das ist mehr als die Hälfte des nordkoreanischen Bruttosozialproduktes. Auf der anderen Seite hatte Kim Jong-il kaum eine andere Wahl, als die Armee zur Grundlage seiner Macht zu machen. Schließlich ist sie die einzige Institution, mit der er sein Land noch zusammenhalten und regieren kann. Die anderen Apparate – die Partei und die Verwaltung – scheinen nicht mehr funktionieren. Die Bürokratien würden sich gegenseitig behindern, berichtete der deutsche Nothelfer Mike Bratzke aus Nordkorea, die linke Hand wisse oft nicht, was die rechte Hand tue. Viele Entscheidungen fielen willkürlich. Bis zu einem Viertel der Wirtschaftsleistung wird nach US-Berechnungen vom Militär erzeugt: Die Streitkräfte können vorrangig auf Im- und Exporte (auch Nahrung) zugreifen und haben ihre eigenen Handelskanäle. Vermutlich die halbe Armee ist mit wirtschaftlichen und nicht mit militärischen Aktivitäten beschäftigt.

Wer über die Rolle der Streitkräfte in Nordkorea nachdenkt, muss auch die generelle Militarisierung des Alltags berücksichtigen. Nordkorea ist der klassische „Garnisonsstaat". Die Verfassung verlangt, „die gesamte Bevökerung zu bewaffnen und das ganze Land in eine Festung zu verwandeln." Die Vorgaben sind erfüllt: Weite Teile der Bevölkerung tragen Uniform. Auf 23 Millionen Einwohner kommen 850 000 Soldaten und 350 000 andere Sicherheitskräfte, dazu 1,7 Millionen Angehörige der „Roten Arbeiter- und Bauern-Garde" sowie der „Roten-Jugend-Garde". Sie tragen eine Halbuniform. Sechs Millionen Nordkoreaner sind Reservisten. Alle Männer leisten acht Jahre Wehrdienst, viele Frauen sechs Jahre. Die Männer dürfen erst nach sechs Jahren das erste Mal nach Hause. Die Frauen dürfen in der Militärzeit keinen Sex haben und keine Ehe schließen. Die Wohnblöcke sehen aus wie Kasernen, mit Kontrollen an Ein- und Ausgängen. Zwischen 5.30 und 6 Uhr werden alle Bewohner zentral geweckt und ideologisch auf den Tag vorbereitet. Jeder Block, etwa 20 Familien, hat einen Vorsteher. Lautsprecher beschallen die Menschen mit patriotischer Musik und Appellen.

Das nordkoreanische „Arbeiterparadies" ist kein Schlaraffenland, wo Milch und Honig fließen. Schon damit die Ansprüche nicht in den Himmel wachsen, predigt die Führung seit jeher den heroischen Verzicht. Das Volk soll einfach leben. Der Staat erfüllt daher nur die Grundbedürfnisse eines Partisanen. De facto werden die Menschen wie Soldaten in der Armee sogar zum Arbeiten gezwungen. Jüngere Leute müssen sich oft monate- und sogar jahrelang in Arbeitscamps politisch bewähren.

Zur Militarisierung kommt ein zugespitztes Feindbild, das eine Schützengraben-Mentalität verursacht. Unablässig erzeugt das System Angst vor einem Angriff, beobachtete der Ex-DDR-Diplomat Hans Maretzki. Der Feind ist blutrünstig und hinterhältig, die Bedrohung immer akut. Wenn sie drängender wird, dann heulen zur Übung die Luftschutzsirenen, die Menschen rennen in Bunker und Keller. Das ganze Land ist ein Heerlager: Alle Städte, Industrieanlagen, strategischen Punkte sind von schwerer Artillerie zur Luftabwehr umringt. Überall stößt man auf Posten und Patrouillen, auf vorbereitete Panzersperren, Bunker und Bergstollen. Die südkoreanische Regierung schätzt die Zahl dieser Untergrund-Anlagen auf 8 000 bis 15 000, darunter 500 Kilometer Tunnel. Darin verbergen sich Panzer und Flugzeuge. Die teilweise zehnspurigen Autobahnen sind gleichzeitig Start- und Landebahnen, die U-Bahnhöfe fungieren als Luftschutzbunker.

Der Kimismus pflegt den Geist des Krieges: Er beschwört die glorreichen Siege der antijapanischen Partisanen und lehrt den Kampf gegen die „amerikanischen Imperialisten und ihre südkoreanischen Helfer". Viele Nordkoreaner lernen und üben, wie man möglichst viele Feinde umbringt. Das erhöht ihre Gewaltorientierung und Aggressivität. Alle öffentlichen Plätze dienen dem Exerzieren. Der Drill ist so total, dass die Militarisierung vielen Nordkoreanern in Fleisch und Blut übergegangen ist. Das Militär an die Spitze der politischen und staatlichen Ordnung zu stellen, ist in diesem Zusammenhang nur konsequent.

7. Die Wirtschaft, die Hilfe und die Lager

Die Leitidee der nationalen Eigenständigkeit, die Juche-Ideologie, gilt auch für Nordkoreas Wirtschaft. Die Logik der Globalisierung lehnt die Führung bis heute grundsätzlich ab. Nordkorea war nicht einmal Mitglied in der Wirtschaftsgemeinschaft der kommunistischen Länder, dem Comecon. Das Ergebnis dieser Politik ist, dass die Wirtschaft Nordkoreas isolierter ist als die jedes anderen Landes der Welt. Im- und Exporte machen nicht einmal ein Zehntel der gesamten Wirtschaftsleistung aus. Ob Samen oder Dünger, ob Nylon oder Raketen – alles soll aus eigener Kraft und Leistung entstehen. Ein Symbol für die Isolation: Nordkoreas Telefonnetz ist bis heute nicht mit dem Ausland verbunden. Die wenigen offiziellen Internet-Seiten Nordkoreas werden von Tokio aus ins internationale Netz gestellt.

Die Politik der maximalen Autarkie hat Pjöngjang immer tiefer in die Sackgasse geführt. Bereits 1975 brachte Nordkorea als erstes kommunistisches Land die Zinsen für seine Auslandskredite nicht mehr auf. Seitdem das Land auch keine Schulden mehr zurückzahlt, ist der Weg zum internationalen Kapitalmarkt verschlossen. Wenn Nordkorea Kredite aufnehmen will, sammelt es Geld bei Auslandskoreanern in Japan ein oder verkauft Anleihen an die eigenen Bürger. Die wirtschaftliche Krise verschärfte sich mit dem Zusammenbruch des Ostblocks dramatisch, weil die Nachfolgestaaten der Sowjetunion statt Tauschhandel harte Devisen verlangten. Nordkorea musste schließlich im Dezember 1993 zugeben, dass es die Ziele des letzten Sieben-Jahres-Planes nicht erreicht hatte. Seitdem hat das Land keinen neuen Plan mehr aufgestellt. Nach offiziellen Angaben ist die Wirtschaftsleistung von 1990 bis 1996 um die Hälfte gesunken, im ganzen Jahrzehnt vermutlich um ein Drittel. Zuletzt stabilisierte sie sich auf niedrigem Niveau.

Die ökonomische Misere gipfelte Mitte der 90er Jahre in einer beispiellosen Hunger- und Energiekrise. 1962 hatte der damalige Führer Kim Il-sung dem Volk „fleischige Suppe und gekochten Reis" versprochen, aber daraus wurde nie etwas. Die Vereinten Nationen haben errechnet, dass Nordkorea jährlich nur noch knapp drei Millionen Tonnen Reis und Mais erntet. Ende der 80er Jahre waren es noch acht Millionen Tonnen. Im Sommer 2002 senkte Nordkorea die tägliche Reisration von 300 auf 250 Gramm am Tag. Nach UN-Standard braucht jeder Mensch etwa 700 Gramm. Meistens haben die Nordkoreaner nur etwas Mais und eingelegten Kohl auf dem Teller, Fisch und Fleisch gibt es so gut wie nie. In den 90er Jahren starben Hunderttausende Koreaner an Unterernährung und Mangelkrankheiten, weil sie nicht genug Nahrung zugeteilt bekamen oder nicht genug davon kaufen konnten. Die Schätzungen reichen bis zu dreieinhalb Millionen Toten in drei Jahren. Millionen Kinder leiden bis heute an Kleinwuchs, denn in ihrem Essen fehlen Vitamine und Spurenelemente. Ein durchschnittlicher Siebenjähriger in Nordkorea wiegt nur 15 Kilogramm und ist nur 105 Zentimeter groß, berichtete Rupert Neudeck von der Hilfsorganisation Cap Anamur im Sommer 2002. In Südkorea wiegt ein Siebenjähriger im Schnitt 26 Kilogramm bei 125 Zentimetern Größe. Die Kindersterblichkeit in Nordkorea betrug 1999 mehr als neun Prozent. Der Autor sah noch im Dezember 2001 ausgemergelte, kaum lebensfähige Babys in einem Krankenhaus in Nampo.

Das Gesundheitswesen ist zusammengebrochen: Nothelfer berichten übereinstimmend von katastrophalen Zuständen in den Krankenhäusern. Es gibt weder Pflaster und Verbände noch Skalpelle, weder Antibiotika noch Operationstische. Die Ärzte verwenden leere Bierflaschen als Tropfbehälter und operieren teilweise mit Rasierklingen, Kneifzangen und ohne Betäubungsmittel. Fast alle Räume bleiben auch im Winter ungeheizt, auch bei Temperaturen bis zu dreißig Grad unter Null. Es gibt kein fließendes Wasser. Zugleich berichten Nothelfer von großen Vorräten an Verbänden und medizinischen Hilfsgütern in den regierungseigenen Lagern und den Diplomatenläden. Die meisten erwachsenen Patienten leiden an psychosomatischen Krankheiten, beobachtete der deutsche Arzt Norbert Vollertsen, der anderthalb Jahre in Nordkorea arbeitete. Die Menschen seien ausgelaugt und erschöpft, klinische Depressionen und Alkoholismus seien verbreitet.

Verschärft werden die Probleme durch Energiemangel allerorten: Die meisten Nordkoreaner sind zu Fuß unterwegs, weil Busse und Züge selten fahren und völlig überfüllt sind. Die meisten Dörfer und Städte liegen abends im Dunkeln, auch in der Hauptstadt Pjöngjang gehen immer wieder stundenweise die Lichter aus. Die Aufzüge in den im ganzen Land verbreiteten Appartement-Betonsilos stehen fast immer still. Die Bewohner müssen zu Fuß nach oben laufen und ihr Wasser bis zu vierzig Stockwerke hoch tragen, weil die Pumpen nicht arbeiten. Man sieht viele Menschen, die Bündel dünner Äste als Feuerholz nach Hause schleppen. Denn für ihre Heizungen gibt es kaum Strom und Öl. Im Winter suchen viele Städter in Luftschutzbunkern Zuflucht vor der Kälte. In den meisten Fabriken arbeiten die Maschinen nicht mehr. Im Nordosten des Landes, wo die Mehrzahl der großen Stahl- und Chemiewerke steht, raucht kaum noch ein Schlot. Die Industrie ist bestenfalls zu 20 Prozent ausgelastet, denn außer Strom mangelt es an Ersatzteilen und Rohmaterial. Viele Kohleminen sind voll Wasser gelaufen, weil die Pumpen ohne Strom nicht laufen können. Dadurch wird noch weniger Kohle gefördert und Energie erzeugt – ein Teufelskreis.

Die offizielle Propaganda erklärt den wirtschaftlichen Verfall mit den Folgen des japanischen Kolonialismus und der koreanischen Teilung, den Zerstörungen im Korea-Krieg und der jahrzehntelangen Wirtschaftsblockade durch die USA. Schließlich hätten verheerende Naturkatastrophen zwischen 1995 und 1997 der Wirtschaft den Todesstoß versetzt. Diese Faktoren können zwar einiges erklären, geben ausländische Wirtschaftsexperten zu, aber sie sehen als Hauptursache für den rapiden Niedergang im vergangenen Jahrzehnt falsche Entscheidungen der nordkoreanischen Führung. Dazu gehören eine verfehlte Agrarpolitik, die Überzentralisierung, die Vorliebe für industrielle Großprojekte, eine eigene, enorme Militärwirtschaft und riesige unproduktive Apparate zur Überwachung der Bürger.

Nordkorea hat auf die Hungersnot auf dreifache Weise reagiert: Erstens setzt es weiterhin auf „totale Mobilisierung" und auf „Temposchlachten in Raketengeschwindigkeit". Die permante Erinnerung an den „beschwerlichen Marsch" der Nation gegen die japanischen Kolonialherren soll die Bevölkerung aufrütteln und dazu bewegen, mehr zu leisten und Hunger und Elend besser auszuhalten. Die Menschen sollen Hasen und Ziegen züchten sowie Kartoffeln statt Reis anbauen. Außerdem wird inzwischen eine besonders ertragsreiche Mais-Sorte aus Südkorea im großen Stil angebaut.

Die zweite Reaktion auf die Hungersnot ist der Versuch, an dringend benötigte Devisen zu kommen, ohne dabei die grundsätzliche Isolation der Wirtschaft in Frage zu stellen: So erklärte die Führung im Herbst 2002 die Stadt Sinuiju an der Grenze zu China per Gesetz zur Sonderwirtschaftszone. Alle 500 000 Einwohner sollten die Stadt verlassen, eine hohe Mauer rings um Sinuiju sollte das Gebiet zur ausländischen Enklave gemacht. Die gleiche Abschottung hat die Führung in Pjöngjang für einen südkoreanischen Industriepark bei Gaeseong angeordnet: Die Waren sollen ab 2004 per Bahn über die Grenze aus dem Süden kommen. Nordkoreanische Arbeiter sollen sie verarbeiten, ohne dass sie Kontakt zu Südkoreanern haben. Außerdem verdient Nordkorea seit Jahren harte Devisen mit dem Anbau und Export von Drogen (Heroin, Amphetamine), der Verbreitung von Falschgeld sowie dem Verkauf von Waffen (vor allem Raketen, ihre Teile und ihre Technik). Schließlich hat man Experimente mit weitergehenden Reformen – Preise, Löhne, Subventionen – unternommen, deren Ausgang sich bisher nur schwer abschätzen lässt.

Die dritte Antwort auf die Krise ist die militärische Bedrohung seiner Nachbarstaaten, um der internationalen Gemeinschaft Hilfsleistungen abzupressen. Darin liegt die politische Bedeutung der großen Streitkräfte sowie der Atom- und Raketenprogramme. Weil Nordkorea ein so großes Interesse daran hat, als aggressiv und gefährlich zu gelten, kann vom Budget des Militärs kein Geld für die Bekämpfung der Not abgezweigt werden. Bei der Hungersnot hat Nordkorea nach Ansicht des Trierer Politologen Hanns Maull die Staatengemeinschaft vor die Alternative gestellt, das Überleben von Teilen der Bevölkerung sicherzustellen oder ihren Tod in Kauf zu nehmen. Die Welt hat sich für die Hilfe entschieden. Dadurch ist Nordkorea zu einem Fall für die internationale Wohlfahrt geworden. Ende der 90er Jahre erhielt das abgeschottetste Land der Welt Hilfe von fast 50 Ländern und war der größte Empfänger von amerikanischen Hilfslieferungen in ganz Asien. Laut südkoreanischem Vereinigungsministerium bekam Nordkorea zwischen 1995 und 2001 Hilfen im Wert von mehr als einer Milliarde Dollar. Der US-Wirtschaftsexperte Markus Noland errechnete für den Zeitraum zwischen 1995 und 1999 eine Gesamthilfe von rund 5,5 Milliarden Dollar unter Einbeziehung der Zahlungen im Rahmen des Genfer Atomabkommens (jährliche Öllieferungen, Bau von zwei Kernkraftwerken). In diesen Zahlen ist die erhebliche Hilfeleistung Chinas (vor allem Öl und Getreide) noch nicht enthalten.

Hunger und Hilfe

Die Hungersnot in Nordkorea Mitte der 90er Jahre gilt als klassisches Beispiel dafür, wie sowohl Empfänger- als auch die Geberländer Hilfe politisch instrumentalisieren können. Sie wurde durch eine langjährige Misswirtschaft verursacht und durch mehrere Naturkastrophen verschärft. Der grundsätzliche Fehler Nordkoreas bestand in der Entscheidung, sich vollständig selbst zu versorgen, obwohl der Norden der koreanischen Halbinsel eigentlich zu kühl und zu hügelig ist und zu wenig Feldfläche für die Ernährung aller Einwohner hat. Deshalb mussten die Staatsfarmen und Kooperativen von Anfang an sehr viel Dünger und Wasser einsetzen, um ihre Ernteziele zu erreichen. Schon bald versalzten die Böden, die Erträge gingen zurück. Immer mehr Hügel wurden entwaldet und darauf neue Terrassenfelder angelegt. Wind und Regen laugten die Böden aus, die Flüsse verschlammten. Durch die Abschottung von der übrigen Welt schrumpfte die genetische Vielfalt von Nordkoreas Samen, was die Nutzpflanzen krankheitsanfälliger machte.

Die Experten sind sich einig, dass die nordkoreanische Agrarproduktion 1989 mit dem Ende der Sowjetunion ihren Höhepunkt überschritt. Denn so autark das Land geworden war: Ohne seine Tauschhandelspartner im Ostblock konnte Nordkoreas Wirtschaft nicht funktionieren. Der ökonomische Schock traf auch die Landwirtschaft: Die Düngermenge reichte zum Beispiel nicht mehr, um auf den kaputten Böden noch genug zu ernten. Die Traktoren fielen aus, weil die Ersatzteile nicht mehr bezahlt werden konnten. Die Bevölkerung wurde bereits 1991 in einer Kampagne aufgefordert: „Lasst uns nur noch zwei Mahlzeiten am Tag essen." 1993 kursierten im Ausland die ersten Berichte über Hunger-Aufstände. 1994 berichtete das nordkoreanische Staatsradio erstmals offen über den Hunger. Im Mai

1995 bot Südkorea dem Norden Nahrungsmittelhilfe an. Zwei Monate später erklärte die Regierung ihrem Volk, dass man ausländische Hilfe angenommen habe. Im Juli 1995 setzten Überschwemmungen ein, die die Nahrungsknappheit dramatisch verschlimmerten.

Nordkorea benutzte die Fluten dazu, um die Hungersnot, die bereits lange zuvor begonnen hatte, als Ergebnis der Naturkastrophe darzustellen. Eine eigene Verantwortung wurde geleugnet. Die Fluten hätten 330 000 Hektar Land und zwei Millionen Tonnen Getreide zerstört. Insgesamt belaufe sich der Schaden auf 15 Milliarden Dollar. Diese offiziellen Angaben wurden von Experten als viel zu hoch eingeschätzt, spätere Berechnungen kamen zu deutlich niedrigeren Kosten. Im Nachhinein sieht es so aus, als ob Nordkorea die Schäden absichtlich übertrieb, um maximale Hilfe zu erhalten. Weil die hilfsbereiten Länder keine diplomatischen Beziehungen zu Nordkorea unterhielten, war die einzige Lösung, humanitäre Hilfsorganisationen ins Land zu lassen. Für Nordkoreas abgeschottetes System waren diese Nothelfer ein echtes Problem, weil sie das Informationsmonopol des Apparates gefährdeten. Die ins Land gerufenen Hilfsorganisationen wurden deshalb in ihrer Bewegungsfreiheit behindert und konnten sich kein eigenes umfassendes Bild vom Ausmaß der Katastrophe machen.

Das führte dazu, dass die internationalen Helfer je nach Berechnungsmethode und besuchtem Bezirk zu völlig unterschiedlichen Einschätzungen kamen: Zunächst bestätigten die UN-Organisationen FAO und WFP die dramatischen Zahlen Nordkoreas: Mehr als zwei Millionen Kinder und eine halbe Million schwangere Frauen stünden kurz vor dem Hungertod. Andrew Natsios von der Organisation „World Vision" verglich die Krise in Nordkorea mit der Hungersnot in Äthiopien Mitte der 80er Jahre. Das Deutsche Rote Kreuz behauptete, jeden Monat würden 10 000

Kinder sterben, Nordkoreas Hungersnot sei „die schlimmste seit dem Zweiten Weltkrieg". Auf der anderen Seite erklärte Faruq Achikzad von UN-Entwicklungsorganisation im September 1995, dass die Schäden zwar großflächig, aber unter Kontrolle seien. Schon im März 1996 sagte der UN-Mitarbeiter Kjell Madsen, die Menschen würden bereits die Felder bestellen, die Medien hätten die Krise übertrieben.

Nordkorea hatte die Helfer zwar ins Land gerufen, aber es versuchte ihre Arbeit zu reglementieren und sie so weit wie möglich von den hilfsbedürftigen Menschen zu isolieren. Kontakte zur Bevölkerung sind bis heute verboten. Ohne nordkoreanische Aufpasser dürfen sich Helfer nicht im Land bewegen. Jeden Besuch müssen sie bis zu einer Woche im Voraus anmelden. Schon nach kurzer Zeit kam es deshalb zum Streit. Die Helfer beschwerten sich darüber, dass sie keinen ungehinderten Zugang zur Bevölkerung hatten, die Bedürftigsten nicht erreichten und die geleistete Hilfe nicht auf ihre Wirksamkeit überprüfen konnten. Einige Hilfsorganisationen waren schon früh davon überzeugt, dass das staatlich kontrollierte Verteilungssystem die Hilfsgüter an politisch Bevorzugte weitergegeben habe und eine Art von „Auslese" getroffen habe, um sich unbequemer Bevölkerungsgruppen zu entledigen. Viele Nothelfer konnten nicht vergessen, dass Kim Jong-il 1996 erklärt haben soll, es brauchten nur 30 Prozent der Bevölkerung zu überleben, um seine Gesellschaft wieder aufbauen zu können. Der Hintergrund: Nordkoreas „Kernklasse", die linientreuen „Tomaten" (rot bis in den Kern), machen nach südkoreanischen Schätzungen 20 bis 30 Prozent der Bevölkerung aus. 40 bis 50 Prozent der Bevölkerung gehören in die „instabile" oder „Apfel-Klasse" (oberflächlich rot). Die übrigen rund 30 Prozent, die „Trauben", werden von der Führung als „feindlich" eingestuft – sie sollen während der Hungersjahre besonders vernachlässigt worden sein. Sie leben nicht in den Städten, sondern arbeiten vor allem in den Staatsfarmen und Kooperativen, die keine Nahrung aus dem staatlichen Verteilsystem bekommen.

Wäre die humanitäre Hilfe gerecht und unparteilich an die Bedürftigsten verteilt worden, so meinen renommierte Hilfsorganisationen wie Oxfam, Care und „Ärzte ohne Grenzen", hätte man die Katastrophe mit ihren hunderttausenden Toten vielleicht verhindern können. Diese Helfer kamen bereits 1998 zu dem Schluss, eine Weiterarbeit in Nordkorea sei unverantwortlich. Ulrike Pilar, Vorsitzende der deutschen Sektion von „Ärzte ohne Grenzen", begründete die Entscheidung noch im Jahr 2002: „Humanitäre Hilfe wurde (und wird bis heute) dazu benutzt, ein mörderisches Regime zu unterstützen und trug höchstwahrscheinlich zu der lebensgefährlichen Vernachlässigung der Bedürftigsten bei." Die Intention der nordkoreanischen Regierung sei es nicht gewesen, ihrer Bevölkerung zu helfen, so erklärte Pilar, sondern die internationale Hilfe dazu zu benutzen, die Bevölkerung zu kontrollieren und ausländische Ressourcen ins Land zu ziehen.

Die Geberländer waren in Nordkorea keineswegs gewillt, bedingslos zu helfen. Von Anfang an wurden Hilfslieferungen mit Bedingungen für die Teilnahme an diplomatischen Gesprächen verknüpft. Zwischen Februar 1996 und April 1999 kam es neun Mal zu einem Handel zwischen Nordkorea und den USA: Washington zahlte Millionen von Dollar für Nahrungsmittellieferungen über internationale Organisationen, Nordkorea beteiligte sich dafür an diplomatischen Gesprächen über das Atomprogramm und die Raketenrüstung. Die Hilfsorganisation „Ärzte ohne Grenzen" warfen den USA, Südkorea und einigen europäischen Ländern deswegen vor, mit den Hilfslieferungen vor allem Zugang zum Land und Einfluss auf seine Politik gewinnen zu wollen.

Tatsächlich wurde das ganze Ausmaß der Katastrophe im Westen zunächst nicht bekannt. Die Geberländer ignorierten Berichte von Flüchtlingen in China, dass Nordkorea Menschen, die Nahrung hamsterten oder stahlen, in Konzentrationslager pferchte. Diese Lager trugen die Bezeichnung „9/27", weil Kim Jong-il ihre Einrichtung am 27. September 1995 befohlen hatte. Nach einer Schätzung von World Vision ging eine Million Menschen jährlich durch diese Lager. Die Weigerung von Nordkorea, „Ärzte ohne Grenzen" Zugang zu Patienten in diesen Lagern zu erlauben, trug dazu bei, dass die Organisation das Land verließ.

Auch die Tatsache, dass Nordkorea seine für Kriegszeiten gedachte Nahrungsreserve offenbar nicht zur Linderung der Krise einsetzte, wurde nicht zu einem internationalen Thema, obwohl die Vorratsmenge auf mehr als eine Million Tonnen geschätzt wurde. Südkoreas damaliger Präsident Kim Young-sam gab sogar unverblümt zu, dass der größte Teil einer Spende von 150 000 Tonnen Reis beim nordkoreanischen Militär gelandet war. Internationale Organisationen liefern allerdings bis heute keinen hochwertigen Reis, sondern vor allem Mais. Dennoch entlastet die ausländische Nahrungsmittelhilfe die Armee, die selbst landwirtschaftliche Fabriken betreibt und ersten Zugriff auf die Ernte hat. Auch die Elite ist auf die Spenden nicht angewiesen und würde nach Ansicht von Hazel Smith, Korea-Expertin der Vereinten Nationen in Tokio, den gespendeten Mais eher ans Vieh verfüttern als selbst zu verzehren, weil er keine gute Qualität habe. Vor diesem Hintergrund bemühte sich Deutschland bei der Verteilung von 27 000 Tonnen gefrorenem Rindfleisch in Nordkorea, mit Hilfe von eigenen Beobachtern die Auslieferung an bedürftige Kinder und Mütter zu garantieren. Das Vorhaben scheint weitgehend gelungen zu sein, obwohl sich Nordkorea auch in diesem Fall nicht auf unangemeldete Kontrollen von Ausgabestellen einlassen wollte.

Dagegen hat die private Hilfsorganisation Cap Anamur, deren damaliger Vorsitzender Neudeck die Idee der Fleischspende hatte, Nordkorea im Herbst 2002 verlassen. Neudeck wollte nur weiter mit Nordkorea zusammenarbeiten, wenn seine Mitarbeiter ihre Dolmetscher selbst auswählen und ihre Fahrzeuge selbst steuern dürften, wenn sie an ihrem Einsatzort leben und dort alle Projekte ohne vorher eingeholte Erlaubnis besuchen dürften. Das Signal: Die Helfer wollten nicht mehr fremdbestimmt die Hilfe leisten, die Nordkorea genehm war. Aber das Land lehnte das Ansinnen von Neudeck ab, „es entspreche nicht den Regeln und Arbeitsprinzipien" für die Hilfsorganisationen. Andere Organisationen wie die Deutsche Welthungerhilfe sind dagegen in Nordkorea geblieben und inzwischen von der Not- zur Entwicklungshilfe übergegangen. Sie hadern immer noch mit den restriken Arbeitsbedingungen und bauen aus diesem Grund ihre Aktivitäten nicht weiter aus. Der klassische Ansatz dieser Organisationen, Politik und Hilfe zu trennen, hat in Nordkorea bisher nicht funktioniert. Der Trost: Der massive Aufwand des Auslands hat vielen Nordkoreanern das Leben gerettet. Viele Waisenkinder liegen nicht mehr anämisch auf der Matratze, sondern blicken wieder neugierig in die Welt, berichtete Neudeck. 1998 waren nach UN-Untersuchungen zwei von drei nordkoreanischen Kindern untergewichtig, 2003 ist es nur noch eins von fünf Kindern. Damals litten 16 Prozent der Kinder unter akutem Nahrungsmangel, fünf Jahre später nur noch neun Prozent. 1998 waren zwei von drei Kindern chronisch unterernährt, 2003 nur noch zwei von fünf Kindern. Deshalb muss sich die internationale Gemeinschaft fragen, ob sie einerseits durch den Entzug von Hilfe unschuldige Kinder bestraft oder ob sie sich andererseits von Nordkorea dazu benutzen lässt, die Bevölkerung zu versorgen, während der Staat weiter aufrüstet. Nordkorea kann sich auf Dauer nicht selbst ernähren, dafür reicht seine Anbaufläche nicht aus. Aber das Land nimmt nach Ansicht vieler Experten genug Devisen ein, um die fehlenden Nahrungsmittel auf dem Weltmarkt zu kaufen. Für die Führung in Pjöngjang scheinen Kanonen wichtiger zu sein als Butter. Nach südkoreanischen Angaben wurden in der Zeit der Hungerkrise 40 MiG-Kampfflugzeuge und acht Helikopter gekauft, sowie zehn U-Boote gebaut. Die Militärausgaben sollen ein Viertel des Gesamtbudgets ausmachen. Andererseits gibt Nordkorea pro Bürger nur 20 US-Dollar für Rüstung aus, das ist verglichen mit seinen reicheren Nachbarn wenig. Jedenfalls hat die zweite Atomkrise die internationale Gemeinschaft endgültig vor die Entscheidung gestellt, ob man das Geschäft „Hilfe gegen Sicherheit" in Nordkorea fortsetzen soll. Ohne Konzessionen von Pjöngjang wird die Hilfe im bisherigen Umfang wohl kaum weitergehen – auch wenn dies den Hunger der Menschen vergrößern wird. Tatsächlich sind private und staatliche Spenden bereits so stark zurückgegangen, dass das Welternährungsprogramm der Vereinten Nationen (WFP) im Jahr 2003 statt 6,4 nur noch 3,4 Millionen Nordkoreaner versorgen kann. Das hat viele Kinder, die ein tägliches Esspaket für die Schule bekamen, hart getroffen.

Vom Versuch der Modernisierung

Ausländische Korea-Kenner wie der US-Amerikaner Don Oberdorfer haben Kim Jong-il häufig als ökonomischen Pragmatiker dargestellt, der sein Land modernisieren möchte. Die DDR-Botschaft in Pjöngjang berichtete 1982 nach Ost-Berlin, der junge Kim habe „moderne Ansichten" und schrieb seinem Einfluss eine neue Lockerheit im öffentlichen Leben zu. Er habe modischere Kleidung für die Frauen sowie Karten- und Würfelspiele und einen vermehrten Ausschank von Bier erlaubt. „Nach 30

Jahren Sozialismus spüre ich das Bedürfnis, dass wir in die westliche Welt expandieren müssen, um unsere Menschen zu ernähren. Die Wahrheit ist: Wir liegen hinter dem Westen", sagte Kim Jong-il auf einem heimlichen Tonbandmitschnitt von 1984, der aus seinem engsten Kreis nach Südkorea geschmuggelt wurde. Aber damals hatte sein Vater das Sagen im Land. Der junge Kim konnte und wollte seine ideologischen Fesseln noch nicht abstreifen. Deshalb verkündete er bei demselben Treffen, Nordkorea könne sich nicht öffnen, auch wenn die Chinesen das verlangten. „Wir sitzen in einer strategischen Falle", gab er zu, denn wenn man das Land etwa für den Tourismus öffnete, wäre „dies gleichzusetzen mit der Entwaffnung".

Bislang lässt sich nicht erkennen, wie Kim Jong-il aus der Sackgasse herauskommen will, in die sein Vater und er selbst das Land in den letzten 50 Jahren manövriert haben. Entscheidet er sich für eine radikale Umkehr in der Wirtschaftspolitik, so wie es dringend geboten wäre, um zumindest die Versorgung der Bevölkerung sicherzustellen, geht er damit ein großes Risiko ein – er riskiert seine Herrschaft. Entscheidet er sich dafür, nichts zu unternehmen und die Krise auszusitzen, riskiert er, dass die Situation eskaliert und seine Herrschaft durch Massenflucht oder Hungeraufstände erodiert.

Einerseits gibt es Indizien für ein fundamentales Umdenken: Seit einem Besuch von Shanghai soll Kim Jong-il sich für das chinesische Entwicklungsmodell begeistern. Er habe seine Beamten beauftragt, entsprechende Reformen auszuarbeiten, berichteten Überläufer aus dem Machtapparat. Weil die Beamten kein Konzept lieferten, soll der Führer selbst angeordnet haben, Löhne und Preise zu erhöhen und Subventionen abzuschaffen. Andererseits gibt es Berichte, die eher für die anhaltende Bereitschaft zum Einigeln und Durchhalten sprechen, um die Krise zu überwinden: Der „Reformvirus" wird ideologisch weiterhin gegeißelt.

Die sowjetische Perestroika wurde als Korrektur von Fehlern durch noch größere Fehler gewertet. Im eigenen Land könne es solche Entwicklungsfehler nicht geben, so redet man sich ein. Man habe ja einen weisen Führer, deshalb brauche man das Thema Erneuerung erst gar nicht zu erörtern.

Der bisher größte und sicher mutigste Reformschritt war die drastische Anhebung der Löhne und Preise. Bis zum Sommer 2002 verdienten nordkoreanische Arbeiter im Schnitt zwischen 30 und 60 Euro monatlich, wenn man den staatlichen Umtauschkurs zugrunde legte. Essen und Kleidung wurden zugeteilt, dafür wurden nur symbolische Beträge fällig. Auch Wohnung, Strom, Wasser, Bus und Bahn kosteten praktisch nichts. Die Arbeiter konnten also relativ viel sparen – allerdings wussten sie nicht wofür, denn für ihr Geld konnten sie nichts kaufen. Zum 1. Juli 2002 wurde der Preis von Reis um das 550fache angehoben, der Preis von Diesel um das 40fache, von Strom um das 60fache. Die Erhöhungen machten Lebensmittel in den staatlichen Ausgabestellen genauso teuer wie auf den privaten Bauernmärkten, die es seit einigen Jahren gibt, von ausländischen Journalisten aber bislang nicht besucht werden durften, weil man die hohen Preise verheimlichen wollte. Durch die erhöhten Preise schaffte der Staat einen starken Anreiz für die Bauern und Kooperativen, mehr zu produzieren. Das soll Nahrungsmangel und Hunger lindern. Zum Ausgleich wurden die Monatslöhne drastisch erhöht, offenbar um das Zwanzigfache. Sofort nahm die Inflation rapide zu, denn es gab keine gebunkerten Waren, die auf den Markt kommen konnten. Aber im Prinzip macht die Führung einen Schritt in die richtige Richtung. Die Nordkoreaner haben zum ersten Mal mehr Entscheidungsfreiheit, wofür sie ihren Lohn ausgeben. Das Prinzip von Angebot und Nachfrage gilt, die Eigenverantwortung steigt.

Der Nachbar China hatte zu Beginn seiner Wirtschaftsreform das Warenangebot dadurch gesteigert, dass die Bauern Land bekamen, das sie selbst bewirtschafteten. Auch Nordkorea hat in einigen Landesteilen mit der Privatisierung von Land begonnen, aber die Landstücke sind mit maximal etwa eintausend Quadratmetern relativ klein. Außerdem fehlen Dünger, Saatgut und Strom. Trotzdem berichten Entwicklungshelfer inzwischen von einer etwas besseren Versorgung. Entlang der großen Straßen bieten Frauen selbstgezogenes Gemüse und selbstgefertige Waren an, was früher streng verboten war. Nordkorea will das bisherige Verteilungssystem schrittweise ganz aufgeben. Fabriken bekommen neuerdings keine staatlichen Subventionen mehr und sollen ihre Waren in Eigenregie herstellen und kalkulieren. Das kann aber nur funktionieren, wenn es genug Rohmaterial, Maschinen und Strom gibt. Deshalb sind diese Überlegungen zunächst noch etwas utopisch, aber der erkennbare Trend zur Dezentralisierung ist vielversprechend. Schließlich hat Kim Jong-il die Parole „Mehr Experten" ausgegeben. Im Herbst 2003 bildete er sein Kabinett um und hievte sieben Fachleute auf die wichtigsten wirtschaftlichen Entscheidungsposten. Der Chemie-Fachmann Pak Bong-ju wurde zum Premierminister ernannt. Zuvor hatte die Führung die Zahl der Parteifunktionäre, die in die Unternehmen hineinregieren, stark verkleinert. Beamte und Minister besuchten unter anderem Vietnam, China und Südkorea, um mögliche Reformwege zu studieren.

Mit solchen Maßnahmen will die Führung in Pjöngjang wohl auch wieder regulieren und in geordnete Bahnen lenken, was außer Kontrolle geraten ist. Millionen von Nordkoreanern bekommen vermutlich weniger oder gar keinen Lohn und Gehalt, weil es für sie in Fabriken und Kooperativen keine Arbeit mehr gibt. Diese Menschen waren dabei, ihr Leben selbst in die Hand zu nehmen. Hier hat sich das Regime jetzt eingeschaltet und will seine Autorität wiederherstellen. Einer der Schachzüge: Im Dezember 2002 mussten alle Bürger ihre US-Dollar in Euro umtauschen. Was offiziell als Reaktion auf die harte US-Haltung in der Atomkrise verkauft wurde, diente in Wirklichkeit wohl eher dazu, die Devisenreserven der Bürger zu erfassen und abzuschöpfen. Damit möchte die Führung die Korruption bekämpfen, die sich als Folge der Krise wie eine Seuche ausgebreitet hat und das Leben der einfachen Menschen beeinträchtigt.

Grundsätzlich scheint Kim Jong-il nach einer modernen Wirtschaft zu streben – als entscheidendes Problem stellt sich jedoch das ideologische Erbe dar. Kims Dilemma: Einerseits darf er nicht in Widerspruch zu seinem Vater geraten, weil er damit seine eigene Legitimation hinterfragen würde. Andererseits blockiert dessen Juche-Credo – mit den Kerngedanken der Autarkie und Unabhängigkeit – jede Reform, die das Land in die Weltwirtschaft integrieren könnte. Eine grundlegende Reform wie Deng Xiaoping in China nach dem Tod von Mao Zedong kann Kim Jong-il nicht durchführen, gibt die südkoreanische Politologin Lee Eun-Jeung zu bedenken. Denn Deng konnte sich gerade dadurch legitimieren, dass er sich gegen die revolutionäre Linie Maos stellte. Diese Überlegung spricht dafür, dass Nordkoreas Führer eher viele kleine pragmatische Schritte bevorzugen wird, um die Wirtschaft zu verändern, als das ganze System umzubauen, während er das Volk weiterhin ideologisch schulmeistert.

Eine unbeantwortete Frage ist, wie weit solche Reformen überhaupt durchsetzbar sind, solange der Alltag der Menschen derart „durchideologisiert" ist. Denn die wirtschaftliche Öffnung des Landes müsste den Bürgern erst einmal erklärt werden. Schließlich beruht ihr Nationalstolz zu nicht geringem Teil darauf, dass ihr Land es aus eigener Kraft schafft, mit allen Widrigkeiten fertig zu werden. Kim Jong-il hat die Juche-Staatslehre benutzt, um seine Macht zu festigen. Die Massenbewegung „Wettkampf für die rote Fahne der drei Revolutionen" war seine Idee. 1992 wurde sie sogar in der neuen Verfassung verankert.

Die ideologische Erziehung der Bürger wurde danach noch verstärkt. Ein Viertel seiner Ausbildungszeit muss sich ein junger Nordkoreaner mit der ideologischen Basis des Systems beschäftigen. Schüler und Studenten lernen ganze Reden Kim Il-sungs auswendig. Auch im Erwachsenenleben hört diese politische Gehirnwäsche nicht auf. „Die Leute werden von der Kindheit bis zur Universität dazu erzogen, Kim Jong-il zu verehren", analysierte der südkoreanische Schriftsteller Hwang Suk-young nach jahrelangem Aufenthalt in Nordkorea. „Diese Gedankenerziehung ist in der ganzen Gesellschaft weit verbreitet. Ich übertreibe nicht, wenn ich sage, dass die Nordkoreaner die meiste Zeit ihres Lebens mit ‚politischem Lernen' verbringen, egal ob sie Parteimitglieder oder normale Einwohner sind." Diese totale Gängelung des Denkens und Handelns setze der autonomen Wahrnehmung und der Kreativität Grenzen, meint die Wissenschaftlerin Lee Eun-Jeung. Die Gleichschaltung der Bürger sei kontraproduktiv, weil industrieller und technischer Fortschritt ohne das freie Spiel der Kräfte der Phantasie und des Denkens sowie ohne den Willen zur Eigenverantwortung nicht gelingen könnten. Die Überideologisierung ist also ein wichtiger und möglicherweise von der Führung selbst unterschätzter Hemmschuh für eine wirtschaftliche Neu-Orientierung.

Hilfe und Menschenrechte

Viele Korea-Beobachter haben ursprünglich gehofft, dass die Arbeit der internationalen Helfer Nordkorea von innen verändern würde. Erste Bilanzen in dieser Hinsicht sind nicht ermutigend, weil es dem Apparat gelungen ist, die Helfer sehr effektiv zu isolieren. Dennoch wollen die meisten Hilfsorganisationen, die in Nordkorea arbeiten, weitermachen. Allerdings oft mit dem schlechten Gewissen, dass sie für die größten Opfer der Diktatur nichts tun können und dürfen: die Menschen in den Arbeitslagern. Wenn die USA eine wirklich gute Begründung dafür hätten finden wollen, Nordkorea in die „Achse des Bösen" aufzunehmen, dann hätten sie nicht lange suchen müssen: Denn inzwischen sind die Verhältnisse in Nordkoreas Gulag allgemein bekannt. Aber diese Fakten spielen in der politischen Diskussion der Atomkrise bisher praktisch keine Rolle. Vor dem Irak-Krieg wurden zwar die brutalen Herrschaftsmethoden der Hussein-Diktatur als ein Argument dafür angeführt, das Regime zu stürzen. Aber wenn von Nordkorea die Rede ist, klammern die Diplomaten und Politiker die Frage der Arbeitslager gründlich aus. Die Menschenrechte in Nordkorea bleiben bislang sowohl für die Nachbarstaaten wie auch für die USA ein blinder Fleck. Einige US-Abgeordnete und -Senatoren haben zwar verlangt, ein neues Atom-Abkommen mit der Bedingung zu verbinden, dass Nordkorea die Menschenrechte stärker beachtet. Aber sie haben sich bisher kaum Gehör verschafft, weil es bis auf eine kleine Gruppe humanistischer und christlicher Aktivisten in Südkorea und einigen westlichen Ländern keine Lobby für die Lagerinsassen gibt.

Die ersten Arbeitslager wurden laut Unterlagen aus Nordkorea, die dem amerikanischen Kongress vorliegen, bereits 1947 eingerichtet. Seit einem Putschversuch Mitte der 50er Jahre wurden sie vergrößert, und ihre Zahl wurde drastisch erhöht. Die Lager sind entweder unterirdisch versteckt oder wie normale Dörfer angelegt, damit Satelliten sie nur schwer erkennen können. Die angeblichen Vergehen ihrer Insassen sind Verschwörung gegen die Staatsmacht, anti-nationaler Verrat, Hochverrat und Terrorismus – nach Ansicht von unabhängigen Juristen beliebig dehnbare Unrechtsparagraphen, die Angst verbreiten und Unterdrückung legitimieren sollen. „Es reichen allgemeine Kommentare über die nordkoreanische Ordnung, etwa wenn jemand sagt, dass es unter Kim il-Sung, dem Vater des jetzigen Führers, mehr zu essen gab, während sich sein Sohn um nichts kümmert. Oder wenn jemand witzelt, dass Kim Jong-il „gern die Frauen genießt"", berichtet Suh Jae-jin, der Direktor des südkoreanischen Zentrums für Menschenrechte.

Internationale Menschenrechts-Aktivisten haben Fälle gesammelt, wonach Nordkoreaner ins Arbeitslager kamen, weil sie eine Zeitung mit Fotos von Kim Jong-il zerrissen oder sich darauf gesetzt haben. Die nordkoreanischen Behörden erfahren davon durch ein Orwellsches Bespitzelungssystem. Wenn fünf Nordkoreaner sich treffen, so sagen Kenner wie Suh Jae-jin, dann ist einer von der Polizei, einer von der Partei und einer vom Geheimdienst. Unter den bis zu 150 000 politischen Gefangenen finden sich – neben ihren Angehörigen – völlig Unschuldige, Opfer von Intrigen und Verleumdungen, ebenso wie korrupte Beamte, in Ungnade gefallene Kader, echte Verschwörer sowie Republikflüchtlinge, die in China Kontakt mit Südkoreanern hatten. Im Unterschied zu Stalins Gulags hat Nordkorea den Terror noch um zwei Stufen gesteigert: „Politische Gefangenschaft bedeutet in Nordkorea erstens lebenslange Gefangenschaft, mit Ausnahme weniger Flüchtlinge und Amnestierter entkommt niemand", so der südkoreanische Beamte Suh. „Zweitens wird häufig die ganze Familie, drei Generationen, in Sippenhaft genommen und ebenfalls in ein Lager verschleppt."

Als sich 1997 Hwang Jang-yop, der Chefideologe von Nordkorea, nach Südkorea absetzte, hatte der höchstrangige Überläufer seit Kriegsende Vernichtendes zu sagen: Nordkorea sei „weder ein nationalistischer noch ein sozialistischer Staat, sondern eine umfassende Diktatur", die „nichts mit der ursprünglichen Juche-Idee gemein hat". Hwang schrieb wenige Monate vor seiner Flucht nach Südkorea: „Jeder, der eine Demonstration durchführt oder nur die geringste Anti-Regierungs-Farbe zeigt, jeder,

der etwas Demütigendes über die Autorität des Führers sagt oder tut, wird heimlich erschossen ... Vom Standpunkt eines Intellektuellen kann man ohne Zögern sagen, dass das ganze Land ein großes Gefängnis ist." Hwang weiß, wovon er spricht: Nach seiner Flucht nach Südkorea nahmen sich seine Ehefrau und eine Tochter das Leben. Sein Sohn, seine andere Tochter und seine Enkelinnen kamen höchstwahrscheinlich in ein Arbeitslager.

Kennzeichen der Arbeitslager sind Hunger und eine sehr hohe Zahl von Toten durch Zwangsarbeit, heißt es in einem 125-seitigen Bericht des US-Komitees für Menschenrechte in Nordkorea vom Oktober 2003, der bisher umfassendsten Darstellung von Nordkoreas Gulags. Die private Organisation hatte den renommierten Ermittler David Hawk beauftragt, 30 Überlebende der Lager zu befragen. Hawk hatte sich mit Recherchen über den Genozid in Kambodscha einen Namen gemacht. Insgesamt gibt es nach Hawks Recherchen 36 Lager in Nordkorea, teilweise für politische Gefangene, die zu einer lebenslänglichen Strafe verurteilt wurden, teilweise für Flüchtlinge, die aus China abgeschoben wurden. Die nordkoreanischen Lager sind nach sowjetischem Vorbild organisiert. Das Ziel ist, die Gefangenen wirtschaftlich so gründlich wie möglich auszubeuten. Die Sträflinge bauen in Minen Kohle, Erze und Gold ab, brechen Steine, fällen Bäume, errichten Staudämme, stellen Zement und Ziegelsteine her und bauen Mais an. Sie müssen 72 Stunden in der Woche arbeiten und bekommen nur geringe Mengen schlechter Nahrungsmittel, so Hawk. Jedes Lager hat eine eigene Quote zu liefern: Bis zu einem Drittel der Kohle und einem Drittel des Mais für das ganze Land kommen von dort, angeblich auch das Fleisch, das man in Pjöngjang den Ausländern vorsetzt. Die Lager sind damit für die Führung ein wichtiger Wirtschaftsfaktor .

Die ökonomische Bedeutung der Lager steht in enormer Diskrepanz zu den Zuständen, die dort herrschen. Die Gefangenen haben sich selbst zu versorgen. Allerdings bekommen sie keinen Reis, der fruchtbare Böden braucht, sondern Mais und Kartoffeln, die sie mit den eigenen Exkrementen düngen müssen. Die Essensmenge reicht kaum zum Existenzminimum. Die Todesraten durch die Entbehrungen liegen bei mehr als 20 Prozent, berichten die Überlebenden. Der Bericht zitiert den ehemaligen Lagerwärter Ahn Myeong-cheol, der die Gefangenen als „wandelnde Skelette, Zwerge und Krüppel in Lumpen" beschrieb. Ein früherer Leibwächter des heutigen Führers Kim Jong-il berichtete, er habe binnen weniger Monate von 94 auf 58 Kilogramm abgenommen. Andere Überlebende bezeugten, dass viele Gefangene amputierte Gliedmaßen haben – entweder durch Arbeitsunfälle oder durch Erfrierungen. Ein nordkoreanischer Student schilderte, wie er bis zur Hüfte in einem eiskalten Fluss stehen musste, um einen Kanal zu bauen. Die meisten Insassen glauben nach Angaben der Befragten nicht, dass sie ihre Haftzeit überleben.

Der Bericht der amerikanischen Menschenrechts-Organisation beleuchtet auch die Behandlung der Nordkoreaner, die nach China flüchten, dort verhaftet und nach Nordkorea abgeschoben werden. Sie werden zwar nur für kurze Zeit ins Lager gesteckt, müssen aber dort mit sehr schwierigen Bedingungen kämpfen. Viele überleben die Behandlung deshalb nicht, so das Dokument. Verschiedene Zeugen berichten von 23 Frauen, die zu einer Abtreibung gezwungen wurden. In 19 Fällen haben die Wärter Neugeborene getötet, wenn sie einen chinesischen Vater vermuteten. Eine Überlebende berichtete, man habe sie gezwungen, mit einem Medikament die Geburt einzuleiten. Dann sei das Baby vor den Augen der Mutter mit einem nassen Handtuch erstickt worden. Andere Babys habe man lebendig begraben oder sie starben, weil man sie mit dem Gesicht nach unten auf den Boden legte. Die Wachen begründeten das angeblich damit, dass halb chinesische Babys nicht überleben dürfen.

Auch Folter ist in den Arbeitslagern weit verbreitet. Die frühere Gefangene Lee Sun-ok erzählt in ihren Erinnerungen „Augen der schwanzlosen Tiere", wie sie monatelang misshandelt wurde. Die Menschenrechtsorganisation Amnesty International beschreibt unter Berufung auf Zeugenaussagen, wie Nordkorea Gefangene wochenlang in den so genannten Schwitzkasten steckt: ein Verschlag, so klein und so niedrig, dass man darin weder stehen noch liegen kann. Hinrichtungen sind ein ständiger Bestandteil des Lagerlebens. Exekutiert wird durch ein Erschießungskommando oder durch den Galgen. Wenn die Wärter Langeweile haben, so berichtete der frühere Lagerwärter Ahn Myeong-cheol dem Autor, würden sie Gefangene mit Fäusten und Gewehrkolben schlagen. Der amerikanische Bericht kommt zu dem Schluss, dass sich die Bedingungen in den Arbeitslagern in den letzten 30 Jahren kaum verbessert haben.

Die grausamen Geschichten klingen wie die Propaganda-Märchen, die Nord- und Südkorea seit Jahren übereinander verbreiten. Der südkoreanische Geheimdienst schärft den Überläufern aus dem Norden in monatelangen Vorbereitungskursen auf ihre neue Heimat ein, was sie erzählen dürfen und was nicht. Möglicherweise stimmen also nicht alle Lagerberichte, die verbreitet werden. Die nordkoreanische Regierung verweist solche Schilderungen grundsätzlich ins Reich der Propagandalügen und bestreitet die Existenz von Arbeitslagern. Aber es gibt inzwischen einfach zu viele übereinstimmende Aussagen von Ex-Häftlingen, als dass Nordkorea ihre Schilderungen so einfach als Unwahrheit abtun könnte. Auf Fotos von amerikanischen Spionagesatelliten haben ehemalige Häftlinge inzwischen sieben Lager identifizieren können.

Kein stalinistisch geprägter Staat ist ohne Arbeitslager ausgekommen. Auch lässt die nordkoreanische Regierung weder die Vereinten Nationen noch andere Menschenrechtler ins Land, um die Vorwürfe zu untersuchen. Amnesty International durfte 1995 ein „Rehabilitationszentrum" besuchen. Damals erklärte Nordkorea, es gebe nur drei solche Zentren mit insgesamt 1000 Häftlingen, davon seien 240 aus politischen Gründen inhaftiert. Das hält der frühere Häftling Kang Cheol-hwan für wenig glaubwürdig: „Alle Nordkoreaner wissen, wo die Arbeitslager sind. Das soll eigentlich geheim bleiben, aber es hat sich längst herumgesprochen. Allerdings sind einige Lager in den letzten Jahren geschlossen worden, entweder weil sie so nah an China waren, dass die Häftlinge zu leicht über die Grenze entkommen kommen, oder weil Amnesty International von dem Lager erfahren hat."

In seinem Erfahrungsbericht „Die Aquarien von Pjöngjang" schildert Kang, der als Neunjähriger ins Lager kam, die endlosen Tage mit zehn Stunden Zwangsarbeit und zwei Stunden politischem Unterricht. Bei der Umerziehung mussten sich die Lagerinsassen stundenlang gegenseitig kritisieren, ihnen wurden Artikel aus der Parteizeitung „Rodong Sinmun" vorgelesen, sie mussten Loblieder auf den „Großen Führer" singen. Aber Kang ließ sich schon bald nicht mehr überzeugen. „Bald begann ich zu begreifen, dass Kim und sein Regime die wahren Verursacher meines Leidens waren. Sie waren für dieses Lager verantwortlich, sie füllten es mit unschuldigen Menschen. In meiner Kindheit war Kim Il-sung wie ein Gott für mich. Nach ein paar Jahren im Lager war ich von diesem Glauben geheilt."

8. Die chinesische Trumpfkarte

Nordkoreanische Flüchtlinge stürmen Botschaften in der chinesischen Hauptstadt, um ihre Ausreise nach Südkorea zu erzwingen. Die Vereinigten Staaten verhandeln mit Nordkorea unter chinesischer Aufsicht und Vermittlung. Zwei Nachrichten, die noch vor kurzer Zeit undenkbar gewesen wären: Die Flüchtlinge kämpften jahrelang unter Ausschluss der Öffentlichkeit ums Überleben. Und China trat als politischer Vermittler mit dem Risiko des eigenen Scheiterns bisher nicht in Erscheinung. Aber der Streit um das nordkoreanische Atomprogramm hat Peking aus der Reserve geholt. Für das Reich der Mitte ist die Lösung der Nuklearkrise die größte außenpolitische Herausforderung seit langem: Peking will verhindern, dass Pjöngjang zur Atommacht wird. Aber das bedeutet keineswegs, dass Peking zum Handlanger der amerikanischen Rechten wird und Nordkorea fallen lässt. China hat auch ein vitales Interesse daran, dass die Kim-Diktatur nicht zusammenbricht, denn auch dann wäre Chinas Sicherheit und Stabilität bedroht. Die chinesische Karte gehört definitiv zu den entscheidenden Trümpfen im Pokerspiel um Nordkoreas Atomprogramm.

Flüchtlingsströme

Auf einem Satellitenbild der koreanischen Halbinsel bei Nacht sind die Dörfer und Städte Südkoreas als ausgedehnte weiße Flecken und zahllose helle Punkte zu erkennen. Dagegen ist der nördliche Teil der Halbinsel auf dem Satellitenbild fast gleichmäßig schwarz. Denn Nordkorea ist nachts nahezu vollständig dunkel, weil für Beleuchtung der Strom fehlt. Erst hoch im Norden der

Halbinsel zeichnet sich eine gewundene Linie ab, wo es wieder kräftig zu leuchten beginnt: Dort liegen hinter den Grenzflüssen Tumen und Jalu die chinesischen Provinzen. In den Dörfern und Städten brennen die Straßenlaternen. Viele Bauern arbeiten nachts in ihren privaten Kleinfabriken, wo sie landwirtschaftliche Produkte wie zum Beispiel Stärke erzeugen.

Die nächtliche Beleuchtung auf der chinesischen Seite der Grenze ist für viele Nordkoreaner der unübersehbare Beweis, dass sie in ihrem Lebensstandard weit zurückgefallen sind. Denn vor 30 Jahren war es genau umgekehrt: Da war es nachts in China dunkel und in Nordkorea hell. So schnell können sich die Geschicke von Völkern ändern. China überlebte die Kulturrevolution und verordnete sich – nach der Überdosis Ideologie – Reformen. In Nordkorea dagegen sind die ideologischen Uhren stehen geblieben. So wurde China für viele Nordkoreaner zum Goldenen Land.

Das gilt für die nordkoreanische Elite, deren Angehörige die chinesische Hauptstadt zu ihrem Brückenkopf in die Welt der Konsumgüter ausgebaut haben und dort neben einer riesigen Botschaft ein weit verzweigtes Netz von Anwesen, Firmen, Restaurants und Konten unterhalten. Das gilt erst recht für Hunderttausende von armen Nordkoreanern, die seit Mitte der 80er Jahre heimlich über die Grenze gegangen sind. Diese Menschen gehören meist Gruppen an, die in Nordkorea systematisch benachteiligt werden: Sie bekommen weniger zu essen, werden medizinisch schlechter versorgt und können nicht sozial aufsteigen, weil das Regime sie wegen ihrer Herkunft aus der falschen Klasse oder wegen Verwandten in Südkorea nicht zu den Unterstützern zählt. Kommunistisches Klassendenken und konfuzianisches Clan-Denken sind dabei am Werk. Viele dieser Unterprivilegierten wurden gezielt in nördlichen, besonders kargen und zurückgebliebenen Provinzen angesiedelt. Sie haben deshalb gleich drei

Gründe, über die Grenze zu gehen: Sie sind von der Krise in Nordkorea am stärksten betroffen, sie haben keinen Anlass, loyal zur Führung in Pjöngjang zu sein – und ihr Weg bis zur Grenze ist nicht weit.

So überqueren sie im Winter in ihren dünnen Anoraks den Fluss Tumen, sobald sich Eisschollen gebildet haben. Auch im Sommer ist die Grenze kaum bewacht: Man durchschwimmt Furten oder setzt mit dem Boot über. Für ein paar chinesische Yuan – die Schwarzwährung in der Grenzregion – drücken viele Posten ein Auge zu. Häufig organisieren Schleuser die Flucht. Die Nordkoreaner gehen auf Bauernhöfen oder in Fabriken in China arbeiten, um nach einigen Monaten mit Lebensmitteln, Medikamenten und Schmuggelware zu ihren Familien zurückzukehren. Die Grenzgänger schlüpfen bei koreanischen Verwandten unter, die in einigen Landstrichen 40 Prozent der Bevölkerung ausmachen. Insgesamt zwei Millionen Koreaner leben in China, viele davon in den Provinzen an den Flüssen Jalu und Tumen. Protestanische Christen und Pastoren haben im Untergrund Netzwerke aufgebaut, damit die Flüchtlinge schnell eine Unterkunft und eine Arbeit finden. Die Telefonnummern dieser Helfer gehören zu den begehrtesten Informationen in Nordkorea.

Der „kleine Grenzverkehr" rettete viele Nordkoreaner vor dem Hungertod, als Mitte der 90er Jahre im Reich des Großen Führers die Nahrung knapp wurde. Bis dahin hatte Nordkorea jeden Republikflüchtling mit Gefängnis oder Tod bestraft. Das änderte sich während der Notjahre: Damals wurden einige Beschränkungen aufgehoben. Die Menschen durften ihren Wohnbezirk ohne die vorgeschriebene Reiseerlaubnis verlassen, um sich woanders Nahrung zu beschaffen. Auch der Weg nach China war plötzlich nicht mehr tabu, solange man mit Lebensmitteln zurückkam. Inzwischen wird die Grenze zwar wieder schärfer kontrolliert, aber in Nordkorea hat die Korruption gesiegt. Wer bei der Flucht erwischt oder aus China abgeschoben wird, der kommt häufig mit Prügeln und ein paar Tagen Gefängnis davon, wenn er der Polizei Geld zahlt oder Lebensmittel abgibt – nur um wenig später erneut über die Grenze zu gehen.

Die wachsende Zahl der Flüchtlinge hat China alarmiert. Peking befürchtet einen Massenexodus wie 1989, als sich der Eiserne Vorhang zwischen Ungarn und Österreich öffnete und Tausende von DDR-Bürgern dem Sozialismus den Rücken kehrten. Die Herrscher in Peking haben der Führung in Pjöngjang vertraglich zugesagt, alle nordkoreanischen Flüchtlinge festzunehmen und zurückzuschicken. Um sich zu dieser Verpflichtung zu bekennen, haben die chinesischen Behörden immer wieder Razzien gegen die Flüchtlinge organisiert – als Geste an den roten Bruderstaat, dass man den Strom der Fliehenden keineswegs unterstützt. Seit dem offenen Streit zwischen Pjöngjang und Washington reagiert Peking strenger. Jetzt sieht die chinesische Führung in den Flüchtlingen mögliche Vorboten einer humanitären und politischen Katastrophe und schüchtert sie mit großem Aufwand ein, um ihre Zahl zu verringern. Die Polizei hat regelrechte Kopfgelder von 5000 Yuan, etwa 650 Euro, auf jeden Flüchtling ausgesetzt. Wer „Menschen oder Tiere" aus Nordkorea aufnimmt, muss bis zu 30 000 Yuan Strafe zahlen. Wer als Flüchting geschnappt wird, kommt erst einmal auf unbestimmte Zeit in ein Gefängnis. Dann werden die Gefangenen in Bussen zur Grenze gebracht und abgeschoben.

Auch wer als Flüchtling nicht von der chinesischen Polizei erwischt wird, ist nicht zu beneiden. Viele Nordkoreaner leben recht- und schutzlos ohne Papiere im Untergrund, gejagt von Behörden und Denunzianten. In Fabriken können sie nicht mehr arbeiten, aus Angst vor Strafe stellt man sie nicht mehr ein. Deshalb schlüpfen sie vor allem in Bauernhöfen und Kleinbetrieben unter. Dort nutzt man ihre Lage schamlos aus: Sie müssen hart arbeiten, statt Lohn bekommen sie oft nur etwas zu essen und einen Strohsack zum Schlafen. Frauen werden häufig sexuell ausgebeutet – von Bauern, die sie aufnehmen und dafür entsprechende „Gegenleistungen" verlangen oder von organisierten Banden, die sie brutal misshandeln und sie dazu zwingen, sich zu prostituieren oder sie gleich in ein Bordell verkaufen. Einige koreanische Eltern bieten ihre Töchter sogar selbst in China zum traditionellen Brautpreis an, um sich Geld zu verschaffen und einen Esser weniger in der Familie zu haben. Auch diese Mädchen landen häufig im Bordell. Die Not mancher Nordkoreaner ist so groß, dass sie ihre Kinder als Last empfinden und lieber gegen Geld weggeben.

Die Mehrheit der Flüchtlinge geht nach China, weil sie Hunger hat. Deshalb sind diese Menschen im bürokratischen Sinn Wirtschaftsflüchtlinge. Aber sobald der Hunger gestillt ist, erkennen viele Nordkoreaner, wie viel freier sich in China leben lässt als in ihrer Heimat, wo sie gegängelt, überwacht, missbraucht und ausgebeutet werden. Wie viele dieser Grenzgänger Nordkorea für immer den Rücken kehren wollen, ist nicht bekannt. Bisher versuchen nur wenige, von China aus weiter zu flüchten, etwa in die Mongolei, nach Laos, Birma, Thailand oder Vietnam, um von dort nach Südkorea zu reisen. Die Zahl dieser Flüchtlinge hat sich allerdings zuletzt von Jahr zu Jahr verdoppelt. 2002 waren es bereits tausend Menschen, darunter ganze Familien, die auf diese Weise von Nord- nach Südkorea gelangten. Fast alle verdankten ihre Ankunft im Süden Helfern, die diesen Menschenschmuggel entweder aus Idealismus oder gegen Bezahlung betreiben. Man kann die professionellen Fluchthelfer inzwischen sogar beauftragen, einen Menschen in Nordkorea ausfindig zu machen und ihn aus dem Land zu holen. Diese Fluchtprofis arbeiten eng mit der nordkoreanischen Geheimpolizei zusammen, oft stammen sie sogar aus ihren Reihen: Ein Indiz dafür, dass die

Korruption in Nordkorea ein staatszersetzendes Ausmaß erreicht hat.

Andere Fluchthelfer sind Menschenrechtler, die sich aus humanitären Motiven für die nordkoreanischen Grenzgänger engagieren. Vier von ihnen sind international bekannt: der südkoreanische Pastor Kim Hang-sun, der amerikanische Missionar Douglas Shin, der deutsche Arzt Norbert Vollertsen und der Japaner Kato Hiroshi. Diese vier Männer haben durch spektakuläre Aktionen die internationale Aufmerksamkeit auf die Flüchtlingsfrage gelenkt. Sie organisierten den Sturm einiger Flüchtlingsfamilien auf Botschaften und Konsulate in Chinas Hauptstadt Peking sowie in mehreren Provinzstädten, um deren Ausreise nach Südkorea zu erzwingen. Außerdem ermöglichten sie die Flucht von Nordkoreanern mit Fischerbooten aus chinesischen Häfen nach Südkorea. Die Aktionen waren insofern erfolgreich, als fast alle Flüchtlinge ziemlich schnell in ein Drittland ausreisen durften und von dort Südkorea erreichten. Zum internationalen Thema wurden die Flüchtlinge allerdings nur für kurze Zeit. Dann sackte das Interesse wieder ab, weil diese Menschen keine Lobby haben. Auch die Forderung der Menschenrechtler, China müsse die Nordkoreaner in Lager aufnehmen, fand wenig Beachtung. Natürlich ignorierte China diese Idee, dadurch würde man den Flüchtlingsstrom nur massiv verstärken. Und weder die USA noch die anderen Staaten in der Region machten sich die Forderung zu eigen, denn niemand will sich derzeit mit China anlegen, vor allem weil das Reich der Mitte ein bedeutender Investitions- und Absatzmarkt für Japan, Südkorea und die USA geworden ist.

De facto haben die Botschaftsbesetzungen das Leben der Flüchtlinge in der Grenzregion sogar erschwert. Die Kopfprämien wurden erhöht, Nordkoreaner wurden massenweise verhaftet und abgeschoben. Der französische Historiker und Nordkorea-Experte Pierre Rigoulot, der mit den Organisatoren Kim,

Shin, Vollertsen und Hiroshi auftritt und zusammenarbeitet, resümierte: „Der Sommer 2002 war eine der schwierigsten Perioden für koreanische Flüchtlinge: Wenn die Polizei in der Nähe der Grenze jemanden fand, der kein Chinesisch sprach und sich nicht ausweisen konnte, war sein Schicksal besiegelt. Er wurde festgenommen und zurückgeschickt. Neue Grenzpolizisten wurden abgestellt, um möglichst viele Flüchtlinge aufzugreifen und festzunehmen. Ihre Unterstützer werden verfolgt, verhaftet oder zu hohen Geldstrafen verurteilt." China hat inzwischen allen vier Aktivisten die Einreise verboten. Sie haben gute ethische Argumente, aber die Aktionen haben ihren Schützlinge bisher eher geschadet. Moralisch richtig verlangten sie von China, dass es die Nordkoreaner als Flüchtlinge im Sinne der Vereinten Nationen behandelt. Schließlich fliehen sie nicht nur vor Hunger und Not, sondern auch vor Terror und Unterdrückung. Aber die Annahme, dass China sich zur Schutzmacht der Flüchtlinge erklärt und damit eine Massenbewegung auslöst, ist politisch naiv. Nicht nur weil die Herrschenden in Peking auch sonst wenig auf Menschenrechte achten, sondern vor allem auf Grund der langen Tradition Chinas, auf der koreanischen Halbinsel die eigenen Interessen immer mit Vorrang zu behandeln.

Der große Nachbar

Auch wenn China dies in der Atomkrise immer wieder in Abrede stellt: Der Einfluss auf die koreanische Politik ist Jahrhunderte alt und bis heute spürbar. Die Herrscher im „Land der Morgenstille" waren in der Regel abhängig vom chinesischen Kaiserhaus. Wer immer in Korea regierte, musste sich an Interessen Pekings orientieren, denn ohne chinesische Tolerierung und Zustimmung waren Kurs- und Machtwechsel in Korea nur selten möglich. Außerdem mussten die koreanischen Herrscher viele Jahrhunderte lang Tribute an China zahlen. Trotz der wirtschaftlichen und politischen Abhängigkeit war Korea ein fleißiger Schüler des übermächtigen Nachbarn. Koreas Konfuzianer waren konfuzianischer als ihre chinesischen Lehrmeister. Bis heute ist Korea das am meisten von diesem hierarchisch-moralischen Denkgebäude geprägte Land der Welt. Korea hat auch chinesische Handwerk- und Kunsttechniken beständig aufgenommen und vervollkommnet, darunter das Herstellen von Porzellan, Keramik und Papier. Die koreanische Halbinsel fungierte viele Jahrhunderte lang als Kulturbrücke zwischen China und Japan – den beiden Großmächten, die sich zum Leidwesen der Koreaner immer wieder in ihre Angelegenheiten einmischen.

In Nordkorea war der große Schatten von China immer ein heikles Thema. Kim Il-sung sprach Chinesisch und war als Jungrevolutionär Mitglied der chinesischen Kommunistischen Partei. Chinas Volksarmee rettete Kim Il-sung vor der Niederlage im Korea-Krieg. Aber auch für Mao war Nordkorea vor allem ein wichtiger Pufferstaat im Nordosten seines Reiches – und genau das ist Nordkorea auch für Maos Nachfolger in Peking geblieben. Stalin installierte Kim Il-sung in Nordkorea, aber Mao rettete ihn vor dem Verlust seiner Macht. Deshalb hieß es früher, die Freundschaft der beiden Nachbarländer sei „mit Blut besiegelt" worden. China und Nordkorea seien so eng verbündet „wie Lippen und Zähne". Geografisch ist das richtig: Tausend Kilometer ist die gemeinsame Grenze lang. Der Charakter der politische Beziehungen zwischen den beiden Ländern hat sich in den vergangenen Jahrzehnten jedoch verändert. Die Sonderwege und die Unberechenbarkeit Kim Il-sungs haben über die Jahre bei den Chinesen Skepsis und Distanz wachsen lassen. Dennoch hat man dem aufmüpfigen Nachbarn immer die Treue gehalten. David Shambaugh von der amerikanischen Brookings-

Stiftung meinte sogar, China unterhalte zu Nordkorea bessere Beziehungen als zu jedem anderen Staat der Welt.

Für Nordkorea ist es eine extrem wichtige Beziehung. Ohne China wäre das Regime wohl längst am Ende. Bereits seit den späten 80er Jahren kann sich Nordkorea ohne chinesisches Getreide, vor allem Mais und Reis, nicht mehr ernähren. China füllt bis zu 70 Prozent der gewaltigen Nahrungslücke, die zwischen der Produktion und dem Bedarf von Nordkorea klafft. Viele Lieferungen gehen nach Informationen aus Peking direkt an das Militär. Beim Heizöl ist Pjöngjang noch abhängiger von Peking: Seit die USA ihre Quote von 500 000 Tonnen – eine Verpflichtung des Genfer Atomabkommens von 1994 – nicht mehr liefern, werden 70 Prozent des Bedarfs aus China importiert. Natürlich ist das Reich der Mitte auch der größte Handelspartner von Nordkorea.

Über diese enorme Abhängigkeit von China hört man in Pjöngjang kein einziges offizielles Wort – denn jedes Eingeständnis würde die Staatsideologie der angeblichen Autarkie ad absurdum führen. Die Propaganda schweigt die Bedeutung Chinas tot. Im Kriegsmuseum in Pjöngjang wird sogar die chinesische Rettung im Korea-Krieg konsequent unterschlagen. Nur besonderen Gästen, natürlich vor allem Chinesen, zeigt man einen speziellen Raum, der diese wichtige Seite des Krieges darstellt. Kim Il-sung soll das Benutzen von Fahrrädern in Pjöngjang verboten haben, damit es auf den Straßen nicht aussieht wie in einer chinesischen Stadt. Anders als Südkorea hat der Norden auch die chinesischen Schriftzeichen, mit denen früher die koreanischen Namen geschrieben wurden, verboten.

Überraschende Einmischung

Während Nordkorea die Welt weiter mit ideologischen Scheuklappen betrachtet, hat sich China längst in eine pragmatisch orientierte Macht verwandelt. So haben die Kommunisten in China 1992 zum Entsetzen Nordkoreas diplomatische Beziehungen mit Südkorea aufgenommen. Korea-Krieg hin oder her: Seoul ist für Peking inzwischen einer der wichtigsten Handelspartner und Investoren. Die beiden Länder hatten sich wirtschaftlich so eng miteinander verbunden, dass politische Kontakte zwingend geboten waren.

Der nächste große China-Schock hat Nordkorea getroffen, als sich der Nachbar bei der zweiten Atomkrise nicht mehr so loyal verhielt wie gewohnt. Beim ersten Streit um das Atomwaffenprogramm nahm China im Sicherheitsrat der Vereinten Nationen Nordkorea in Schutz und verhinderte dessen Verurteilung nach Verlassen des Sperrvertrages. Auch bei der zweiten Atomkrise schien für Nordkorea alles nach Wunsch zu laufen. Wieder blockierte China die amerikanischen Versuche, Nordkorea wegen seines Atomprogramms an den internationalen Pranger zu stellen und mit Sanktionen zu drohen. Aber hinter den Kulissen hatte China längst entschieden, dem Treiben in Pjöngjang nicht mehr tatenlos zuzusehen. Seit dem Ausbruch der Atomkrise haben sich chinesische und nordkoreanische Offizielle mehrmals pro Woche zum „Meinungsaustausch" getroffen. Das eigenwillige Verhalten des nordkoreanischen Führers Kim Jong-il wird nicht mehr widerspruchslos hingenommen: Als Kim den umstrittenen chinesischen Geschäftsmann Yang Bin zum Chef einer neuen Sonderwirtschaftszone in Sinuiju an der koreanisch-chinesischen Grenze ernannte, offenbar ohne Rücksprache mit Peking, dauerte es nur wenige Tage, bis der angebliche Milliardär im Gefängnis saß: China verhaftete ihn wegen Steuerhinterziehung und verurteilte ihn wenig später zu einer hohen Haftstrafe.

In der zweiten Atomkrise sah die neue Führung in Peking unter Präsident Hu Jintao ganz offensichtlich zum ersten Mal die eigene Sicherheit bedroht. Erstens könnte diese Konfrontation die ganze Region destabilisieren und sogar zu einem Krieg führen. Zweitens drohte plötzlich atomare Konkurrenz im eigenen Einflussbereich. Würde Nordkorea sich nuklear bewaffnen, hätte China sein Atomwaffen-Monopol in der Region verloren. Dies könnte ein atomares Wettrüsten auslösen: Japan und Südkorea besitzen genug Expertise und Spaltmaterial, um binnen weniger Wochen Atombomben zu bauen. Ein Alptraum für China. Selbst Taiwan könnte sich schnell Atomwaffen zulegen und damit die von China angestrebte Eingliederung der Inselrepublik erschweren. Gründe genug, um alarmiert zu sein.

In der Vergangenheit hatte China recht skrupellos seine Atom- und Raketentechnik mit Pakistan, Iran, Syrien und anderen Staaten geteilt. Peking versprach den Amerikanern immer mal wieder, diese Geschäfte einzustellen, aber sobald die Beziehungen sich verschlechterten, wurden sie einfach wieder aufgenommen. China lieferte Pakistan wichtiges Know-how für die Atombombe und gab dem islamischen Land offenbar das komplette Design für einen raketenfähigen Sprengkopf. Mit dieser chinesischen Hilfe rechtfertigte Indien seinen Atomtest im Mai 1998. Als China erkannte, dass Pakistan seine Geheimnisse offenbar gleich weitergegeben und Nordkorea beim Urananreichern und vielleicht beim Entwickeln eines Sprengkopfes geholfen hatte, läuteten in Peking alle Alarmglocken. „China musste handeln", meint Shin Yinhong, ein Experte für internationale Beziehungen in Peking. „Es wird niemals eine Atomwaffe in Nordkorea erlauben."

Peking forderte Kim Jong-il Anfang 2003 durch hohe Gesandte auf, sich auf eine Dreier-Gesprächsrunde mit den USA und China einzulassen. Daraufhin erkundigte sich Nordkorea auf sehr hoher Ebene in Peking, ob es bei einem US-Angriff auf seine Atomanlage mit militärischem Beistand rechnen könne: China soll darauf mit Nein geantwortet haben. Als Nordkorea weiter an der atomaren Eskalationsschraube drehte, sperrte Peking Pjöngjang drei Tage lang den Ölhahn zu: Eine Pipeline über die Grenze wurde „aus technischen Gründen" abgeschaltet – als Signal an den „autarken" Nachbarn, wer am längeren Hebel sitzt. Kurz darauf teilte China mit, es habe einen Sondergesandten nach Pjöngjang geschickt, um für Verhandlungen zu werben. Diese Blöße hätte man sich nicht gegeben, wenn man sich nicht bereits sicher gewesen wäre, dass Pjöngjang dem Dreier-Treffen Nordkorea, USA und China zustimmen würde. Wenig später erklärte Pjöngjang tatsächlich seine Bereitschaft zu einem Gespräch im April 2003 mit den USA unter chinesischer Leitung.

„Zwischen den Stühlen sitzend als Verbündeter Nordkoreas und als globaler Partner der USA war die Rolle des Vermittlers die einzig mögliche Lösung, sich selbst in die Krise einzuschalten", meint die China-Kennerin Eva Corell. Mit der Gesprächsmoderation sei Peking über den eigenen Schatten gesprungen und habe sein altes Prinzip über Bord geworfen, sich nicht in Angelegenheiten anderer einzumischen. China hat damit einen fundamentalen Grundsatz seiner Politik modifiziert – ohne dass das im Westen so recht wahrgenommen wurde. Peking hatte damit zugleich bewiesen, dass sein Einfluss auf Nordkorea größer ist als manche vermuteten. Nicht der amerikanische Siegeszug im Irak hat Nordkorea zum Einlenken bewegt, sondern viel eher die Überredungskunst Chinas, vermuteten ausländische Diplomaten in Peking.

Parallel zur ersten Dreier-Gesprächsrunde im April 2003 empfing der chinesische Staatschef Hu die Nummer Zwei von Nordkoreas Militärführung. Diese Geste sollte den Weg für die nächste Verhandlungsrunde ebnen. Denn dabei sollte Nordkorea akzeptieren, dass zusätzlich Südkorea, Japan und Russland mit am Tisch saßen. Wieder muss es Widerstand aus Nordkorea gegeben haben, den China zu brechen hatte. Die Indizien dafür: Im Juli schrieb Chinas Staatspräsident Hu Jintao laut chinesischen Medienberichten einen Brief an den nordkoreanischen Staatsschef Kim Jong-il, in dem er die Notwendigkeit von Sechs-Nationen-Gesprächen erläuterte. Sein Gesandter Dai Bingguo hatte daraufhin einen sechsstündigen Meinungsaustausch mit Kim. Im gleichen Monat berichtete der englische Dienst der offiziellen Xinhua-Agentur, dass ein nordkoreanischer Kohlefrachter einen chinesischen Hafen erst verlassen durfte, nachdem der Kapitän wegen eines Geschäftsstreites eine Kaution von rund 900 000 Euro hinterlassen hatte. Die merkwürdige Meldung kam just zu dem Zeitpunkt, als Japan, Südkorea und die USA laut über eine Seeblockade gegen Nordkorea nachdachten. Wenig später meldete eine wichtige Hongkonger Zeitung, China wolle den Artikel 2 des Freundschafts- und Beistands-Vertrages von 1962 mit Nordkorea im Licht der chinesischen Reformpolitik neu interpretieren. Die Zeitung berief sich auf Shen Jiru, Direktor an der Chinesischen Akademie der Sozialwissenschaften. Auch wenn der Professor angeblich nur seine private Meinung äußerte, dass gegenseitiger Beistand nicht automatisch militärische Unterstützung bedeute, war dies eine weitere Botschaft Pekings an Pjöngjang, man werde die Produktion von Atomwaffen nicht tolerieren. Angesichts dieses Druckes verwundert es nicht, dass Nordkorea für die Dauer der Verhandlungen die erkennbaren Arbeiten an der Atombombe einstellte. Demonstrativ schaltete Nordkorea die Anlage von Yongbyon so ab, dass die US-Satelliten am nordkoreanischen Himmel dies auf jeden Fall bemerken konnten. Die Sechser-Runde kam schließlich Ende August 2003 zustande. Zwei Monate später wiederholte sich das Spiel. Diesmal kamen der zweitmächtigste Mann Chinas, Parlamentspräsident Wu Bangguo, und der Korea-Unterhändler, Vizeaußenminister Wang Yi, nach Pjöngjang, um ein zweites Sechser-Gespräch vorzubereiten. Nachdem es zuvor mehrmals weitere Verhandlungen abgelehnt hatte, erklärte sich Nordkorea nun „prinzipiell" zu weiteren Verhandlungen bereit.

Auf diese Kompromisse ließen sich die Nordkoreaner wohl nur ein, weil China auch den USA Zugeständnisse abrang. Zwar will Peking die atomaren Erpressungsversuche von Nordkorea nicht tolerieren. Aber es zeigt nur wenig Verständnis für den Schlingerkurs der Vereinigten Staaten zwischen militärischen Drohgebärden und wirtschaftlichen Lockangeboten. Damit China seinen Einfluss in Nordkorea geltend machte, mussten die USA zunächst darauf verzichten, Nordkorea nur in einer multilateralen Konferenz zu treffen. Statt dessen akzeptierte Washington ein Dreier-Gespräch – was vorher strikt abgelehnt worden war. Außerdem mussten die Vereinigten Staaten China versprechen, dass sie Nordkorea für die Dauer der Gesprächskontakte keine neuen Daumenschrauben anlegen. Deshalb verzichtete Washington im Sommer 2003 auch darauf, nordkoreanische Schiffe auf hoher See nach Drogen und Raketenteilen zu durchsuchen, sondern übte solche Kontrollen nur in gemeinsamen Manövern mit den Verbündeten. Die Amerikaner wissen, dass ihre bevorzugte Drohkulisse der wirtschaftlichen Sanktionen nur wirkt, wenn die Chinesen mitmachen.

Chinas Schirm

Die Vereinigten Staaten scheinen zu hoffen, dass China sich im Konflikt mit Nordkorea irgendwann auf ihre Seite schlagen wird. Das ist jedoch nicht zu erwarten, denn China denkt nicht in den Kategorien der amerikanischen Außenpolitik. Mit dem Konzept von Gut und Böse kann Peking nichts anfangen: Sonst würde es kaum seit Jahrzehnten in Birma und Nordkorea die schlimmsten Militärdiktaturen der Welt am Leben erhalten.

Chinas Außenpolitik gründete früher auf zwei Grundsätzen, meint der chinesische Publizist Zhou Derong. Erstens: „Sich bedeckt halten" aus der Zeit von Deng Xiaoping, formuliert nach dem Studentenprotest 1989, ein anderer Ausdruck für Stabilität. Sie sei das oberste Gebot, sonst wäre die Entwicklung und damit die „einzige Wahrheit" gefährdet. Zweitens: „Internationale Gleichberechtigung". Dengs Nachfolger Jiang Zemin belebte diesen noch aus der revolutionären Mao-Zeit stammenden Grundsatz. Allerdings handelte er sich damit einige Krisen ein. Nach Ansicht von Zhou zeichnet sich im 21. Jahrhundert mit dem „Vorrang für nationale Interessen" ein neuer Grundsatz ab. Der Direktor des Instituts für internationale Beziehungen an der Pekinger Tsinghua-Universität ist der Auffassung, die Partei vertrete nicht mehr die Interessen einer Klasse, sondern der Nation. Aus diesem Motiv heraus hat sich China in die Sicherheitskrise um Nordkorea eingeschaltet.

Anders als die Amerikaner möchten die Chinesen einen Kollaps des jetzigen Regimes in Nordkorea verhindern, weil sich die Folgen kaum abschätzen lassen. Millionen von Flüchtlingen könnten ins nordöstliche China strömen und dort für Unruhe sorgen. Südkorea, Chinas wichtigster Handelspartner vor der eigenen Haustür, könnte unter der Last einer möglichen Wiedervereinigung zusammenbrechen. Mit Nordkorea ginge ein wichtiger Puffer zu den USA verloren. Womöglich würden US-Truppen bis zur eigenen Grenze vorrücken. Ein Zusammenbruch des Kim-Regimes wäre aus chinesischer Sicht eine Katastrophe. Deshalb sucht Peking sein Heil in der Rolle des Vermittlers und hat dafür viel internationalen Beifall bekommen.

Dass China Nordkorea erhalten möchte, bedeutet nicht, dass es auch den Status quo auf der Halbinsel erhalten will. Die bevorzugte Option der Chinesen ist ein Nordkorea, das sich selbst modernisiert. Seit Jahren drängt China Nordkorea zu wirtschaftlichen Reformen nach eigenem Vorbild, damit das Einsiedler-Reich seine Abkapselung überwindet. Wenn Pjöngjang seine Wirtschaft reformiert, so hofft man in Peking, dann brechen auch seine politischen Verkrustungen auf. In der zweiten Atomkrise sieht China die einmalige Chance, den Wandel in Nordkorea schlagartig in Gang zu bringen. Denn eine diplomatische Lösung würde Nordkorea eine kräftige Friedensdividende einbringen: Sicherheit vor einem US-Angriff und damit Sicherheit zum langfristigen Planen, kostenloses Öl, billige internationale Kredite, Investitionen aus Südkorea und Wirtschaftshilfe aus Japan. Führer Kim Jong-il wäre als erfolgreicher Staatsmann legitimiert und damit unangefochten genug, um das Land zu öffnen. In Wirklichkeit wäre das Land damit abhängiger von China denn je.

9. Versöhnung statt Vereinigung

„Ein neues Zeitalter ist für unsere Nation angebrochen", sagte der südkoreanische Präsident Kim Dae-jung im Juni 2000 nach seinem historischen Gipfeltreffen mit dem nordkoreanischen Führer Kim Jong-il in Pjöngjang. „Wir sind an einem Wendepunkt angekommen, an dem wir die Geschichte unserer territorialen Teilung beenden können." Über seine persönlichen Gefühle sagte Kim Dae-jung: „Meiner Meinung nach ist Pjöngjang auch unser Land. Die Menschen in Pjöngjang sind genauso wie wir, dieselbe Nation, dasselbe Blut teilend … Wir haben 1300 Jahre als vereinte Nation gelebt, bevor wir vor 55 Jahren gegen unseren Willen geteilt wurden. Es ist unmöglich für uns, weiterhin physisch und spirituell getrennt zu leben. Ich konnte diese Tatsache aus erster Hand bei meinem Besuch bestätigen. Ich bin mit der Überzeugung zurückgekommen, dass wir uns früher oder später miteinander versöhnen, zusammenarbeiten und uns schließlich wiedervereinigen."

Seine Sätze elektrisierten – so wie der dreitägige Gipfel insgesamt – die Welt: Es war bereits das dritte Mal, dass die beiden Koreas versuchten, ihre Feindschaft zu überwinden. 1972 und vor allem 1991 war man sich in Vertragstexten weit entgegengekommen, aber den Worten auf dem Papier hatte der passende Geist gefehlt. Im Jahr 2000 dagegen schien wirklich Tauwetter ausgebrochen zu sein. Nordkoreas Führer Kim Il-sung hatte immer nur von einem Gipfel geredet und in letzter Minute Ausflüchte gefunden, sein Sohn dagegen bevorzugte offenbar Taten statt Worte. Nordkorea schien zur Vernunft gekommen zu sein, sein neuer Führer präsentierte sich als verantwortlich denkender Staatsmann. Die Euphorie fand in den nächsten Monaten neue Nahrung: Minister der beiden Seiten vereinbarten, Handel und

Investitionen anzukurbeln. Die Firma Hyundai und Nordkorea beschlossen den Bau eines Industrieparks mit Exportzone bei Gaeseong am nördlichen Rand der demiltarisierten Zone. Dort sollen südkoreanische Firmen Zehntausende von Nordkoreanern beschäftigen. Die beiden Länder einigten sich, die unterbrochenen Eisenbahnlinien zu reparieren und wiederherzustellen. Man begann von einer neuen, eisernen Seidenstraße zu träumen: Südkorea könnte seine Waren auf der Landroute mit dem Zug nach Europa schaffen, das wäre billiger und schneller als bisher mit dem Schiff. China und Russland warben offensiv darum, die Waren durch ihre Länder zu leiten. Man sah in den Verbindungen bereits den Einstieg in einen kleinen Grenzverkehr, wie damals im geteilten Deutschland. Nord- und Südkorea versicherten sich gegenseitig, die Propaganda zu vermindern oder ganz damit aufzuhören. Kim Jong-il stellte sich in Pjöngjang den Fragen von fünfzig hochrangigen Medienvertretern aus Seoul. Bei den Olympischen Spielen in Sydney marschierten die Athleten von Nord- und Südkorea unter einer gemeinsamen Flagge ein.

Mehrere hundert Familien durften sich nach Jahrzehnten der Trennung besuchen und fielen sich weinend in die Arme. Herzzerreißende Szenen spielten sich in den Hauptstädten Seoul und Pjöngjang ab. Menschen, die sich 50 Jahre lang nicht gesehen hatten, Familien, die durch den Krieg auseinander gerissen worden waren oder sich in den Wirren einfach aus den Augen verloren hatten, Paare, die aus ideologischen Gründen getrennte Wege gegangen waren – alle denkbaren Schicksale waren versammelt. Söhne fielen vor ihren Müttern auf die Knie, Töchter vor ihren Vätern, Männer umarmten ihre früheren Frauen. Lee Sunhaeng gehörte Mitte August 2000 zu den ersten Südkoreanern, die ihre Verwandten im Norden wiedersehen durften. „Ich habe meine Frau zunächst überhaupt nicht erkannt! Überlegen sie mal, wie lange das her ist, mehr als 50 Jahre. Da verändert man sich, meine frühere Frau ist natürlich auch älter geworden", erzählte der 84-Jährige von dem Treffen in Pjöngjang. „Ich musste sie erst mal fragen, ob sie es wirklich ist. Ich hatte starke Zweifel, ob mir da wirklich meine erste Frau gegenüber sitzt."

Damit trug die Sonnenscheinpolitik des südkoreanischen Präsidenten Kim Dae-jung unerwartet schnell Früchte. Der aufrechte Demokrat und Menschenrechtler hatte nach seiner Wahl Anfang 1998 Nordkorea die Hand hingestreckt. Er wollte Spannungen verringern und Vertrauen schaffen. Sein Vorbild war die Ostpolitik von Willy Brandt. Aus dem bisherigen Luftschloss Wiedervereinigung sollte ein realistisches politisches Ziel werden. Als erster Präsident des Südens bot Kim dem Norden wirtschaftliche Unterstützung ohne direkte Gegenleistung an und machte Pjöngjang klar, dass der Süden nicht daran interessiert sei, sich den Norden einzuverleiben. Ziel seien vielmehr gleichberechtigte Beziehungen und friedliche Koexistenz. Handel und Investitionen sollten den Wandel Nordkoreas zu einer Marktwirtschaft fördern. Eine Mittelschicht würde entstehen, so Kim Dae-jungs Traum, daraus eine Mehrparteien-Demokratie. Schließlich hatte Südkorea auf ähnlichem Weg die eigene Militärdiktatur überwunden. Kim Dae-jung forderte die südkoreanische Presse auf, „objektiver" über Nordkorea zu berichten. Prominente Überläufer, die Kritisches über den Norden zu sagen hatten, bekamen Sprechverbot, um den Norden nicht zu verärgern. Zugleich stellte Kim jedoch klar: „Wir werden keinerlei militärischen Provokationen dulden." Im Juni 1999 bestand die Sonnenscheinpolitik ihren ersten Test: Nach dem ersten innerkoreanischen Seegefecht seit dem Korea-Krieg kam es zu keiner militärischen Eskalation. Im Gegenteil: Schon ein Jahr später gelang das historische Gipfeltreffen zwischen den beiden koreanischen Führern in Pjöngjang.

Ende eines Wettrennens

Aber was bewog den „Geliebten Führer" Kim Jong-il zu dem überraschenden Gipfeltreffen? Warum passte Nordkoreas Verhalten nicht mehr in das übliche Muster? Kim Dae-jung sah den wichtigsten Grund für das Umdenken in Nordkoreas wirtschaftlichem Überlebenskampf. Die Hilfe von außen war für das Überleben des Landes essentiell geworden. „Ohne verbesserte Beziehungen zu Südkorea wird ihnen niemand helfen", so meinte Südkoreas Präsident wenige Monate nach dem Gipfeltreffen. Als weitere Gründe nannte Kim Dae-jung die gescheiterten Versuche von Nordkorea, Südkorea bei den Verhandlungen mit den USA zu übergehen, den chinesischen und russischen Druck, endlich eine Entspannungspolitik auf der koreanischen Halbinsel einzuleiten, und nicht zuletzt das wachsende Vertrauen Pjöngjangs, dass Südkorea tatsächlich ohne Hintergedanken dem Norden helfen wollte.

Was Kim Dae-jung zu diesem Zeitpunkt auf keinen Fall öffentlich aussprechen wollte: Der Süden konnte und wollte dem Norden helfen – und dieser konnte die Hilfe annehmen –, weil der Süden den Wettlauf der Systeme mit dem Norden gewonnen hatte. Die bisherige Rivalität hatte sich erledigt. Aus dem Feind und Wettbewerber war sogar ein Bettler geworden, der zwar wegen seiner vielen Waffen noch furchterregend aussah, aber auf milde Gaben des wohlhabenden Verwandten angewiesen war. Fünf Jahrzehnte lang hatte sich Korea den ungewollten Luxus erlaubt, zwei Wege auszuprobieren, um als Volk und Nation erfolgreich zu sein: Der Norden hatte eine eigene Wirtschaftsform entwickelt, der Süden hatte den ökonomischen Weg des Westens eingeschlagen. Der Norden fand Partner in der Sowjetunion und in China, der Süden verließ sich auf die Vereinigten Staaten. In beiden Koreas war eine Diktatur entstanden. Die beiden Herrscher, Kim Il-sung im Norden und Park Chung-hee im Süden hatten dabei zum gleichen Mittel gegriffen, um die Bevölkerung hinter sich zu sammeln und für das Wettrennen zu motivieren: völlige Abgrenzung.

Die Diktaturen im Norden wie im Süden dämonisierten den Feind im anderen Landesteil, um ihre Herrschaft zu legitimieren. Die Nordkoreaner wurden zur Wachsamkeit vor amerikanischen und japanischen Imperialisten und ihren „südkoreanischen Marionetten" gedrillt. Die Propaganda stellte die Bedrohung so dar, als ob die Invasion jederzeit beginnen könnte. Tatsächlich schickte Südkorea Tausende von Agenten über die Grenze, die Anschläge und Sabotageakte ausführten, darunter einen Attentatsversuch auf Kim Il-sung. Im Süden verboten rigorose Sicherheitsgesetze jeden Kontakt mit Nordkorea, die Medien schürten eine Paranoia vor dem kommunistischen Norden. Der Norden wiederum isolierte die Bevölkerung von allen Informationen, die das Weltbild der Propaganda stören konnten. Auch die Menschen im Süden durften nur wenig über das andere System erfahren: Kim Il-sung war in Südkorea nicht zu hören, die Machthaber in Seoul fürchteten seine nationalistischen Argumente. Viele südkoreanische Politiker nahmen das Charisma des nordkoreanischen Führers als gefährlich wahr. Beide Seiten verankerten das Kriegstrauma in den Köpfen. In der Schule lernten die Kinder, wie grausam die Kommunisten im Norden bzw. die Kapitalisten im Süden sind und dass sie jederzeit Angst vor Spionen haben sollten. „Für mich war Anti-Kommunismus das Selbstverständlichste auf der Welt", erinnert sich die Politologin Lee Eun-jeung an die 70er Jahre in Südkorea. „Die normale Reaktion von einem Südkoreaner, wenn er einen Bürger aus Nordkorea sah, war Verwunderung, warum er keine Hörner hatte. Wir lernten nämlich, dass sie rote Teufel sind." Eine Wiedervereinigung erklärte die Militärdiktatur in Seoul nur für möglich, wenn Pjöngjang kapitulierte.

Auch Kim Il-sung im Norden nutzte die Trennung der beiden Staaten propagandistisch aus. Er schlüpfte in das Gewand des wahren Nationalisten, der für die Einheit der koreanischen Nation kämpft. Während der Süden nichts als ein Lakai der USA sei, liege ihm ein starkes, wiedervereinigtes Korea am Herzen. So konnte Kim Il-sung den Bürgerkrieg als vaterländischen Befreiungskrieg umdeuten und sich selbst zum Patriarchen der koreanischen Nation stilisieren. Aber „Wiedervereinigung" blieb immer nur ein Schlagwort, weil Nordkorea sie mit unerfüllbaren Bedingungen verknüpfte: Abzug der US-Truppen aus Südkorea, Zulassung einer kommunistischen Partei im Süden, Bildung einer Konföderation mit einer gemeinsamen Regierung. Die Wiedervereinigung wurde damit – genau wie in Südkorea – zu einer Sprechhülse, mit der man die Menschen zwar zu Tränen rühren konnte, die aber realpolitisch bedeutungslos war.

Beim ideologisch-wirtschaftlichen Wettlauf hatte Nordkorea anfangs vorne gelegen: In Südkorea stagnierte die Wirtschaft nach Kriegsende, obwohl die Amerikaner das Land so massiv unterstützten wie keinen anderen Staat. So hat jeder Südkoreaner – vom Baby bis zum Greis – jedes Jahr zwischen 1945 und 1976 durchschnittlich 600 US-Dollar Wirtschaftshilfe bekommen. Die amerikanische Militärhilfe nur für Südkorea war viele Jahre lang höher als für das ganze westliche Europa und vier Mal so hoch wie für ganz Lateinamerika. Dennoch herrschte politisches Chaos: Korruption, Wahlmanipulation, Studentenunruhen, putschendes Militär. Herausragende Figur der 60er und 70er Jahre war Park Chung-hee – erst als Putschführer, dann als gewählter Staatspräsident, schließlich als Diktator unter Kriegsrecht, bis er 1979 vom Chef seines Geheimdienstes erschossen wurde.

Trotz seiner Willkürherrschaft wird Park heute in Südkorea verehrt: Denn er hat aus dem rückständigen Südkorea eine Industrienation von internationaler Bedeutung gemacht. In seinem

Buch „Troubled Tiger" nennt Mark Clifford General Park einen „ökonomischen Krieger". Park habe die koreanische Nation wohl mehr als jeder andere nationale Architekt geformt – mehr als Atatürk, Lenin, Nasser oder Nehru. „Park und andere Koreaner seines Alters wurden in dem faschistischen Staat des japanischen Kaiserreiches ausgebildet", so Clifford. „Diese ‚japanische Generation' von Koreanern hatte eine klarere Vorstellung davon, wie der Staat den Kapitalismus organisieren konnte als die ältere und jüngere Generation. Park und seine Offiziere kümmerten sich wenig um gesellschaftliche Etikette. Sie legten auch weniger Wert auf die Familie und mehr Gewicht auf die Organisation – sowohl der Nation als auch der Unternehmen. Man kann ihren Einfluss auf die Entwicklung Koreas gar nicht überbetonen."

Das Ergebnis dieses militärisch organisierten und angeordneten Aufbauwillens war ein Wirtschaftswunder, wie es auch der amerikanische Vormund den Südkoreanern nicht zugetraut hatte: Fast drei Jahrzehnte lang wuchs das Sozialprodukt jedes Jahr um neun Prozent. Das Pro-Kopf-Einkommen des Südkoreaners verhundertfachte sich in dieser Zeit. 1960 fuhren 30 000 Autos in Südkorea, heute sind zehn Millionen Fahrzeuge unterwegs. Korea ist die elftgrößte Wirtschaftsnation der Welt und liegt beim Welthandel an dreizehnter Stelle, dank seiner Fahrzeug-, Schiffbau- und Elektronik-Industrie. Samsung, LG und Hyundai entwickelten sich zu globalen Marken. Wachstum wurde zu einer nationalen Besessenheit.

Die Asienkrise versetzte dem Land zwar einen herben Dämpfer. Der Berg von Krediten, mit denen die koreanischen Chaebol – vom Staat subventionierte Industrie-Konglomerate – ihr rasantes Wachstum finanziert hatten, geriet ins Rutschen. Banken brachen zusammen, die Währung Won verlor die Hälfte ihres Werts, der Internationale Währungsfonds musste das größte Rettungspaket seiner Geschichte schnüren, rund 60 Milliarden Dollar. Aber es kam zu einer Trotzreaktion, denn in Korea wurden die verdrängten Erinnerungen an die Zeit, als das Land von den Japanern kolonisiert wurde, wieder wach. „Die Krise wurde als zweite Kolonisierung oder Imperialismus betrachtet", erklärt die südkoreanische Politologin Lee Eun-jung die damaligen Gefühle. Kim Dae-jung rief deshalb die zweite Gründung der Nation aus. Es funktionierte: Korea ist durch beherzte Reformen des Finanzsystems gestärkt aus der Krise hervorgegangen.

Den wirtschaftlichen Wettlauf mit dem Norden hatte der Süden zu diesem Zeitpunkt längst gewonnen. Schon bei den Olympischen Spielen 1988 erkannte die Welt, dass Südkorea einen gewaltigen Sprung nach vorn gemacht hatte. Mit perfekter Organisation und großer Fröhlichkeit hinterließ das Land einen tiefen Eindruck. Nordkorea wehrte sich damals noch gegen das Eingeständnis der eigenen Niederlage. Es baute für mehrere Milliarden Dollar eine eigene Olympia-Anlage, um seine wirtschaftliche Leistungskraft zu demonstrieren und eine Ko-Gastgeberschaft zu erzwingen. Aber der Plan ging nicht auf. Zu der Zeit war Nordkoreas Planwirtschaft ohnehin längst an ihre Grenzen gestoßen, das Land technisch und wissenschaftlich weit zurückgefallen. Nachdem der Ostblock zusammengebrochen war, ging es in den 90er Jahren unaufhörlich bergab. Heute ist der Abstand zwischen dem hungernden Norden und dem wohlhabenden Süden eklatant: Nordkorea gehört zu den ärmsten Ländern in Asien. Seine Wirtschaft ist 25 Mal kleiner als die von Südkorea. Das Pro-Kopf-Einkommen im Norden ist derzeit dreizehn Mal niedriger als im Süden. Südkorea exportiert heute an zwei Tagen, was Nordkorea in einem ganzen Jahr ins Ausland verkauft. Diese Fakten kann Nordkorea nicht mehr leugnen, nicht einmal durch die beste Propaganda.

Auch ideologisch ist der Norden gegenüber dem Süden ins Hintertreffen geraten. Das alte Feindbild vom „Befehlsempfänger der US-Imperialisten" ließ sich schon Ende der 80er Jahre nicht mehr aufrechterhalten, als in Seoul die Demokratie über die Diktatur gesiegt hatte. Dann wurde ausgerechnet Kim Dae-jung zum Präsidenten von Südkorea gewählt. Nordkorea hatte Kim immer als mustergültigen Demokraten und Anti-Faschisten dargestellt, der von der Diktatur gequält und verfolgt wurde. Nun musste die Propaganda versuchen zu erklären, wieso dieser Mann plötzlich der höchste Vertreter des angeblichen Unrechts-regimes im Süden war. Auch den ideologischen und moralischen Teil des Wettrennens hat der Süden gewonnen.

Das war sicherlich ein Grund dafür, dass in Südkorea innen-politische Entspannung einsetzte. Anti-Kommunismus als Staats-ideologie verabschiedete sich. Präsident Roh schlug kürzlich vor, japanische Kommunisten zur Diskussion einzuladen, ohne dass er dafür öffentlich gegeißelt wurde. Die Zulassung einer kom-munistischen Partei im Süden ist nicht mehr so undenkbar wie vor zehn Jahren. Und in Nordkorea gibt es Anzeichen, die darauf hindeuten, dass der ökonomische Teil der Staatsideologie an Be-deutung verliert – und pragmatischeren Überlegungen Platz macht. Inzwischen gilt es vor allem, das politische System zu be-wahren und weiterzuentwickeln. Die iedologischen Zweifel wer-den natürlich nicht offiziell verbreitet, aber ihre Existenz innerhalb der Führungsschicht trägt dazu bei, dass das Gefühl der ideologi-schen Überlegenheit bei Gesprächen mit dem Süden nicht mehr im Vordergrund steht – und alle Verhandlungen blockiert.

Nicht nur in wirtschaftlicher und ideologischer Hinsicht ist Nordkorea zurückgefallen, auch was den Nationalismus betrifft, den Nordkorea immer als ureigene Domäne empfunden hat, ist die Zeit über das Land hinweggegangen. Die Fußball-Weltmeis-terschaft 2002 förderte es zu Tage: Millionen Südkoreaner tran-ken, tanzten, taumelten auf den Straßen. Ihr rhythmisch skan-dierter Schlachtruf „Dae-han-minkuk" – zu deutsch „Republik

Korea" – hatte nicht nur eine sportliche, sondern auch eine politische Note: In ihrer Begeisterung für den fußballerischen Erfolg empfanden sich die Südkoreaner zum ersten Mal nach dem Krieg als selbständige nationale Einheit. Die seelischen Narben der Kolonialzeit taten auf einmal nicht mehr weh, der Fußballrausch kurierte das Trauma der Teilung. Ausgerechnet die rote Farbe der Fan-Trikots drückte dieses neue *süd*koreanische Nationalgefühl aus. Rot war bisher dem kommunistischen Norden vorbehalten, war ein ideologisches Erkennungszeichen. Durch die Weltmeisterschaft wurde Rot zum Symbol von Südkoreas Dynamik, Selbstbewusstsein und Patriotismus. Shin Hyeon-ho von den „Roten Teufeln", dem nationalen Fußball-Fanklub, erklärte: „Die rote Farbe haben wir genommen, weil man sie gut sehen kann und sie Aufregung ausdrückt. Rot ist zwar auch die Farbe der Kommunisten, in Nordkorea, China oder Russland – aber dort steht Rot für Blut, bei uns ist das anders." Das nationale Zusammengehörigkeitsgefühl Südkoreas hat sich zwei interessante Ventile gesucht: Zum einen haben sich viele Südkoreaner innerlich vom Norden abgewandt, das Wort Wiedervereinigung wird immer mehr mit „Unbehagen" verbunden und immer weniger mit „Verheißung". Zum anderen hat der Anti-Amerikanismus zugenommen.

Weite Teile der älteren Generation in Südkorea, die den Krieg noch miterlebt haben, misstrauen dem Norden noch. Für die jungen Südkoreaner ist Nordkorea eher ein fremder Nachbar, der auf doppelte Weise den Wohlstand von Südkorea gefährdet: durch seine Armut und durch sein Säbelrasseln. Diese Generation zwischen 20 und 40 stellt inzwischen die Mehrheit der Wähler. Diese jungen Leute eroberten während der Fußball-Weltmeisterschaft die Straßen und wählten wenige Monate später den unabhängigen liberalen Rechtsanwalt Roh Moo-hyun zum Präsidenten. Roh gewann diese Wähler mit dem Versprechen, die Entspannungspolitik von Kim Dae-jung fortzusetzen. Das heißt: Die jüngere Generation denkt zwar national, ohne dabei Nordkorea einzuschließen, aber sie unterstützt den Gedanken der Versöhnung. Sie hat akzeptiert, dass man einen Weg finden muss, mit Nordkorea Seite an Seite zu leben.

Diese Generation interessiert sich nicht mehr dafür, wer das bessere Korea ist. Sie möchte eher von den USA, dem wichtigsten Förderer und Verbündeten, endlich ernst genommen werden. Die südkoreanische Professorin Baek Sang-mi von der Hankuk-Universität in Seoul meint: „Die Haltung gegenüber den USA hat sich deutlich verändert. Die traditionelle politische Mitte hat den Krieg und große Armut erfahren und fühlt sich gegenüber den USA in der Schuld wegen der großen militärischen und finanziellen Unterstützung. Diese Koreaner glaubten, für den Frieden auf der Halbinsel müssten sie auf vieles verzichten. Die jüngeren Koreaner tragen diese Art von Gepäck nicht mehr mit sich herum. Sie wollen auf Augenhöhe mit den USA sein. Für die USA ist das vielleicht ein bisschen unbekannt und unbehaglich, aber das ist die Wirklichkeit."

Das drückt sich in zwiespältigigen Gefühlen gegenüber den amerikanischen Truppen im eigenen Land aus. 37 500 amerikanische Soldaten stehen seit dem Korea-Krieg im Süden der Halbinsel, die meisten davon in der Nähe der Hauptstadt Seoul. Anders als die meisten der mehr als 50 000 US-Soldaten im benachbarten Japan sind sie nicht auf einer abgelegenen Insel stationiert, sondern große Teile davon mitten in der Hauptstadt Seoul. Das Hauptquartier der US-Truppen ist ausgerechnet im ehemaligen Regierungsgebäude der verhassten japanischen Kolonialherren untergebracht. Die auffällige Präsenz ist nicht der einzige Grund für die starken Gefühle der Südkoreaner gegen die Truppen: Anders als in Japan haben die Vereinigten Staaten in Südkorea nie Samthandschuhe angezogen, wenn sie etwas politisch durchsetzen wollten. So nahm die Nordkorea-Politik der Bush-Regierung wenig Rücksicht auf die Entspannungsbemühungen des südkoreanischen Präsidenten Kim Dae-jung. Viele Südkoreaner hegen schon lange den Verdacht, die Vereinigten Staaten seien an einer Entspannung auf der koreanischen Halbinsel gar nicht interessiert. Die politische Führung in Seoul reagierte dagegen nervös, als die USA Anfang 2003 ankündigten, binnen der nächsten drei Jahre die Soldaten von der Grenze ins Hinterland zu verlegen. Diese Truppen garantierten bisher ein amerikanisches Eingreifen in einen neuen Korea-Krieg – dieses Faustpfand möchte keine südkoreanische Regierung verlieren.

Allerdings stellte Seoul während der aktuellen Atomkrise in Washington unmissverständlich klar, dass es – anders als 1993/4 – bei der Lösung mitreden möchte. Die Atomfrage sei eine koreanische Frage, lässt Südkorea immer wieder verlauten. Deshalb müsse sich Washington mit Seoul beraten und abstimmen. Dieses neue Selbstbewusstsein hat auch den letzten Vorwurf Nordkoreas erledigt, der Süden sei nur eine amerikanische Marionette. Mit seinem vergrößerten Ego macht sich Seoul in Washington wenig Freunde. Aber dort sollte man sich nicht täuschen: Die Südkoreaner werden sich nicht mehr übergehen lassen, schon gar nicht in der atomaren Frage, die für ihr Land eine Schicksalsfrage ist.

Taktik der Tränen

Nordkoreas dreifache Niederlage – ideologisch, wirtschaftlich und national – hat das Verhältnis der beiden Bruderstaaten seit ihrem historischen Gipfeltreffen im Juni 2000 geprägt. Die Führung in Nordkorea ist zu dem Schluss gekommen, statt zu konkurrieren zunächst einmal das eigene Überleben zu sichern. Seitdem übt sich Pjöngjang in dem ständigen Spagat, das Land zu verändern, ohne es zu öffnen. Nordkorea muss sich nach außen öffnen, ohne dass die Menschen etwas davon mitbekommen. Die eigene Bevölkerung darf auf keinen Fall erfahren, dass Südkorea in jeder Hinsicht das bessere Korea geworden ist. Dann würden die letzten Dämme brechen. Wirtschaftliche Öffnung muss sein, so hat die Elite in Pjöngjang eingesehen, damit nicht noch die letzten Lichter ausgehen. Aber sie will den Wandel so organisieren, dass er die Grundlagen der Kim-Herrschaft nicht untergräbt.

Diese Zwänge erklären auch das Auf und Ab der innerkoreanischen Entspannung. Nordkorea bewegte sich in den Verhandlungen mit Südkorea mal einen Schritt vor und zwei zurück, danach wieder zwei Schritte vor und einen zurück – und verlangt so unendliche Geduld im Süden. Handel und Investitionen wuchsen zwar, aber das ging oft zu Lasten des südkoreanischen Steuerzahlers. Die Kreuzfahrten von südkoreanischen Touristen in die nordkoreanischen Kumgang-Berge erbrachten dem Organisator, dem Hyundai-Konzern, Hunderte von Millionen Dollar Verlust. Als der nicht weiter bereit war, das hinzunehmen, sprang die Regierung in Seoul ein und übernahm die Kosten. Die Touristenreisen als wichtiges Symbol eines verbesserten Verhältnisses durften nicht aufhören. Südkorea baute eine neue Gleistrasse und eine Autobahn bis zur innerkoreanischen Grenze bei Panmunjom. Auf einer nagelneuen „Brücke der Wiedervereinigung" kündigt das Straßenschild seitdem die nordkoreanische Stadt Gaeseong an. Aber Nordkorea ließ sich zwei Jahre Zeit, bevor es selbst mit den Gleis- und Straßenarbeiten anfing. Im südkoreanischen Verkehrsministerium wurde man skeptisch. „Immerhin erreichen wir militärische Entspannung an der Grenze", sagte der zuständige Beamte. „Außerdem können wir ohne die Verkehrsverbindung nicht die südkoreanische Industriezone hinter der Grenze errichten." Inzwischen musste sich auch Südkorea eingestehen, was ausländische Beobachter schon lange vorhersagten. Die

Gleise und die Straßen werden zwar die Grenze überschreiten, aber sie werden nicht die Menschen in Süd und Nord verbinden, sondern lediglich zwei südkoreanische Enklaven in Nordkorea versorgen: Im Osten das Touristengebiet im Diamantengebirge, wo Südkoreaner für rund 200 Euro am Tag eine der schönsten Landschaften der koreanischen Halbinsel besteigen dürfen. Im Westen das Gleiche: Dort führen Gleis und Straße zu einem von Südkorea gepachteten Industriegebiet, in dem nordkoreanische Arbeiter zu Niedriglöhnen für südkoreanische Firmen produzieren sollen, eine Fabrik mit Gleisanschluss. Die Touristen am Grenzbahnhof Dorasan werden auch künftig nicht in Züge Richtung Norden einsteigen dürfen. Statt Menschen werden nur Frachtwaggons die Grenze überqueren.

Inzwischen stellen viele Südkoreaner selbst die Familientreffen aus Nord und Süd in Frage. Sobald sich die innerkoreanischen Spannungen erhöhen, geraten sie ins Stocken. Nordkorea lässt sich die Zusage für jedes weitere Treffen mit Geldgeschenken und Nahrungsmitteln vergolden. Angesichts der ständigen Ungewissheit und der ohnehin niedrigen Zahl von Treffen, wird in Südkorea immer stärker bezweifelt, dass die Familienzusammenführungen der richtige Weg zur Versöhnung sind. Denn bei zwei oder drei Gelegenheiten jährlich sehen sich nur wenige hundert auseinander gerissene Familien wieder, während viele Tausend weiter davon träumen müssen. Viele alte Menschen empfinden es zudem als Grausamkeit, ihre Angehörigen nach fünfzig Jahren Trennung für ein paar Stunden wiedersehen zu dürfen und sich danach für immer voneinander verabschieden zu müssen. Der Norden wählt für die Treffen zudem nur seine treuesten Anhänger aus und lässt sie rund um die Uhr von Sicherheitskräften überwachen. Angesichts der immer lauteren Zweifel an diesen für den Norden höchst lukrativen Veranstaltungen, zeigt sich Pjöngjang wieder etwas entgegenkommender. Inzwischen haben sich die beiden Länder darauf verständigt, an der Grenze ein dauerhaftes Begegnungszentrum zu bauen. Nordkorea wird Südkorea dafür noch kräftig zahlen lassen, aber die gefundene Lösung dürfte für viele Koreaner die einzige Chance sein, ihre Angehörigen noch einmal wiederzusehen.

Ingesamt sind in Südkorea viele Illusionen über eine schnelle Annäherung an den Norden geplatzt. Das Ansehen der Sonnenscheinpolitik ist dadurch rapide gesunken. Der Süden machte immer wieder einen Schritt auf den Norden zu, trotzdem kamen von dort meist nur neue Forderungen und manches leere Versprechen. Dass mancher hochfliegende Traum wie eine Seifenblase platzte, hing allerdings auch damit zusammen, dass Südkoreas Präsident die Erwartungen nicht gedämpft hatte. „Kim Dae-jung hat den Südkoreanern ein zu rosiges Bild von den Möglichkeiten der Sonnenscheinpolitik gemalt", kritisiert Park Hyeong-jung vom südkoreanischen Vereinigungsinstitut. „Er hat es so dargestellt, als ob es zwischen den beiden Koreas nur kleine Probleme gibt und dass man diese leicht lösen kann." Dagegen gibt Jeong Se-Hyun, Vereinigungsminister unter Kim Dae-jung und seinem Nachfolger Roh Moo-hyun, zu bedenken: „Natürlich können die Spannungen und das Misstrauen, die sich über 50 Jahre aufgebaut haben, nicht durch ein einziges Gipfeltreffen verschwinden. Aber bei allem Auf und Ab haben sich die innerkoreanischen Beziehungen weiterentwickelt, und zwar in die verabredete Richtung. Wir haben den Gesprächsfaden nie abreißen lassen und konnten dadurch jede Krise in eine Chance verwandeln." Trotz aller Verzögerungen könne sich die Bilanz der Entspannung sehen lassen, meint der Vereinigungsminister: Bis Ende 2002 wurden insgesamt 5300 im Krieg zerrissene Familien bei fünf Treffen zusammengeführt. 12 000 Menschen haben die Adressen von aus den Augen verlorenen Familienmitgliedern bekommen, fast 700 Koreaner diesseits und jenseits der Grenze durften sich Briefe schreiben. Der Süden hat den Hunger im Norden gelindert, mit Hilfsgütern im Wert von 700 Millionen Euro. 500 000 Südkoreaner durften als Touristen den Berg Kumgang besuchen, der an der Ostküste auf nordkoreanischem Gebiet liegt. Kim Dae-jung selbst hat seine Politik nach dem Ende der Präsidentschaft immer wieder verteidigt, auch die Zahlung von 100 Millionen Dollar für den Gipfel an Kim Jong-il. Die beiden Koreas seien in einer anderen Situation als die beiden Teile Deutschlands. „In Deutschland kam die Wiedervereinigung unerwartet und sehr schnell. Aber es gab vorher regelmäßige Kontakte zwischen Ost und West. Die Ostdeutschen wussten viel über Westdeutschland", sagte der Politiker. „Wir in Korea hatten bisher keinerlei Umgang zwischen Nord und Süd. Außerdem sind die wirtschaftlichen Unterschiede viel zu groß. Nordkorea ist arm, und wir im Süden sind nicht stark genug, den Norden zu übernehmen." So wie der frühere Präsident denken viele Südkoreaner. Sie ärgern sich über das Verhalten des Nordens, aber sie sehen keine Alternative zu einer ausgleichenden Politik. „Es ist schwer, die Absichten von Nordkorea zu erkennen. Aber wir sollten keine Vorurteile haben", sagt zum Beispiel ein öffentlicher Angestellter beim Besuch des südkoreanischen Grenzbahnhofs Dorasan. „Wenn wir gleichzeitig unsere nationale Sicherheit nicht vernachlässigen, sollten wir diesen Weg weitergehen."

Nordkorea verfolgt letztlich eine „Taktik der Tränen". Der Ausspruch stammt chinesischen Quellen zufolge von Kim Jong-il. Nordkorea erwartet und fordert im Namen der nationalen Solidarität finanzielle und wirtschaftliche Unterstützung von Südkorea. Vor jeder Ministerrunde zögert der Norden mit einer Terminzusage. Sobald der Süden eine Extra-Hilfslieferung in Millionenhöhe verspricht, wird das Treffen bestätigt. Südkorea macht fast immer zähneknirschend gute Miene zum bösen Spiel und fügt sich in die Rolle des geduldigen, reichen Verwandten.

Der innerkoreanische Handel hat sich seit Mitte der 90er Jahre verdreißigfacht. Er hatte im Jahr 2002 ein Volumen von rund 650 Millionen Dollar, 60 Prozent mehr als im Jahr 2001. Davon waren rund 370 Millionen Dollar, also weit mehr als die Hälfte, Wirtschaftshilfe aus dem Süden, vor allem Düngemittel und Reis. Nordkorea exportiert vor allem Fisch und andere Meeresprodukte nach Südkorea. Außerdem verdient es an den südkoreanischen Waren, die in Nordkorea hergestellt werden – darunter Textilien, Software, Elektronik und einige Autos. Südkorea ist inzwischen nach China Nordkoreas zweitwichtigster Handelspartner. Der Trend hat sich 2003 fortgesetzt: Der innerkoreanische Handel wuchs in der ersten Jahreshälfte erneut um 40 Prozent. Nord und Süd haben im Sommer 2003 vier Wirtschafts-Verträge geschlossen, um den Handel weiter zu verstärken. Dadurch wurden Investitionen geschützt, die Doppelbesteuerung vermieden, ein Lösungsweg für kommerzielle Streitigkeiten festgelegt und ein System zur Schuldenbegleichung eingeführt. Für den südkoreanischen Industriepark mit Exportzone bei Gaeseong, dessen Grundstein im Juni 2003 gelegt wurde, lagen neunhundert Firmenbewerbungen vor. Immer wieder suchen Südkoreas Großkonzerne nach Investitionsmöglichkeiten im Norden, ihre Vertreter bevölkern die Shuttle-Flüge zwischen Peking und Pjöngjang. Von 1996 bis 2003 haben 25 südkoreanische Firmen über eine Milliarde Dollar in den Norden investiert.

Dennoch ist der Enthusiasmus der ersten Monate nach dem historischen Gipfel unwiderruflich verloren. Die meisten Südkoreaner unterstützen die Entspannung mit Nordkorea nicht mehr mit dem Herzen, sondern nur noch mit dem Kopf. Der neue Präsident Roh Moo-hyun hat die Sonnenscheinpolitik seines Vorgängers Kim Dae-jung in „Politik für Frieden und Wohlstand" umbenannt, damit die Diskussion über den richtigen Umgang mit Nordkorea sachlicher verläuft. Die konservative Opposition verlangt inzwischen wortreich mehr Gegenleistungen von Nordkorea: Wenn Pjöngjang nicht zum Einlenken in der Atom-krise und zu humanitären Erleichterungen bereit ist, will sie die Wirtschaftshilfe zurückfahren. Dagegen argumentiert die Partei von Kim Dae-jung, weder wirtschaftliche Sanktionen noch mili-tärischer Druck seien das richtige Mittel, um Nordkorea dazu zu bringen, sein Atomprogramm aufzugeben. Wenn das schief lau-fe, könne es sehr gefährlich werden. Trotz aller Schwierigkeiten und Rückschläge müsse man im Gespräch bleiben.

Aber in einem Punkt sind sich fast alle Südkoreaner einig: Die Wiedervereinigung ist von der politischen Tagesordnung gestri-chen. Das Wort selbst tauchte im letzten Präsidentenwahlkampf erst gar nicht auf. „Nicht die Wiedervereinigung ist für Korea wichtig, sondern Frieden und Freiheit", sagte Präsident Roh in einem Gespräch mit dem Autor freimütig. Vor allem das deut-sche Beispiel wirkt auf Südkorea abschreckend. „Wir haben am Beispiel Deutschland gesehen, dass eine schnelle Wiedervereini-gung nur eine Überbelastung in allen Bereichen bringt", so Roh. In diesem Zusammenhang fällt auf, dass die meisten Südkorea-ner in Nordkorea keine militärische Bedrohung mehr sehen.

Auch über die Tatsache, dass der Norden möglicherweise Atombomben besitzt, sind nicht alle beunruhigt. Gelegentlich bekommt man als Ausländer bei Gesprächen in Seoul zu hören, dass man stolz sei, jetzt Atommacht zu sein, denn die Nuklear-waffen des Nordens seien schließlich gesamtkoreanische Nukle-arwaffen. Als größere Bedrohung wird die Gefahr einer zu schnellen Annäherung und Wiedervereinigung empfunden. Wer Südkoreaner fragt, ob sie die Einheit wollen, wird zwar immer ein kräftiges, überzeugtes Ja hören. Auch die Kosten wolle man tragen, versichern viele. Aber diese Antworten sind rein emotio-nal, kommen direkt aus ihrem Herzen. Bei der rationalen Wahl zwischen Versöhnung und Vereinigung würden sich viele Südkoreaner zuerst für die Versöhnung entscheiden – und erst im nächsten Schritt für die Vereinigung. Eine Wiedervereinigung ist kein konkretes Projekt mehr. Im Vereinigungsministerium behauptet man auf Anfragen von Journalisten sogar immer wieder, man habe sich auf den Fall der Fälle nicht vorbereitet und könne die Kosten daher nicht beziffern. In einem politischen Witz heißt es folgerichtig: Was wird Südkorea machen, falls Nordkorea zusammenbricht? An der innerkoreanische Grenze Schilder aufstellen, mit der Aufschrift: Achtung: Hier beginnt Nordkorea – wegen Renovierung geschlossen.

10. Friedenswege

Der Streit um die Bombe hat das größte Dilemma der Kim-Herrschaft für alle sichtbar aufgedeckt. Die Führung in Pjöngjang hat die Bevölkerung von der Außenwelt isoliert und ihr eingetrichtet, dass an seinen Grenzen nur Feinde lauern. Ohne diese dauerhafte Paranoia verliert der Kimismus seine Daseinsberechtigung. Und nun muss sie das Land für die Außenwelt öffnen, um zu überleben. Sie wünscht sich Anerkennung von außen, aber sie hat außer Waffen nichts, womit es sie verdienen könnte.

Bisher haben die Verantwortlichen in Washington nicht in vollem Umfang die Chancen genutzt, die sich aus der nordkoreanischen Sehnsucht, vom Ausland geachtet und respektiert zu werden, ergeben: Vielleicht ist sie der Schlüssel für dauerhafte Entspannung. Innerhalb der konservativen Rechten ist niemand zu sehen, der für eine konsequente Strategie der Verhandlung wirbt. Zwar hat Washington damit begonnen, eine Brücke über den Abgrund zu bauen. Die Regierung hat bisher darauf verzichtet, den Sicherheitsrat anzurufen, hat sich auf multilaterale Gespräche mit Nordkorea eingelassen und eine umfassende regionale Sicherheitsgarantie angeboten. Aber viele Konservative bevorzugen im Grunde ihres Herzens – im Bewusstsein ihrer moralischen Überlegenheit – die „Python-Strategie": Nordkorea politisch zu isolieren, seine letzten Einnahmequellen (Waffen, Drogen) auszutrocknen und das Regime dadurch langsam aber sicher zu erdrosseln. Das ist kein erfolgversprechender Weg: Denn ein Regime, das sich schon freiwillig abkapselt, wird sich davon kaum beeindrucken lassen. Je mehr die USA und Japan ihren Druck erhöhen und von Pjöngjang eine Unterwerfung erzwingen wollen, um so geringer ist die Aussicht auf ein gutes Ende. Die USA sind Nordkorea bisher frontal angegangen und dabei auf seine stärksten Seiten gestoßen: Die große Militärmacht und die Leidensfähigkeit der Bevölkerung. Stattdessen sollte sich Washington auf die psychische Achillesferse der nordkoreanischen Führung konzentrieren: ihrem Bedürfnis nach internationaler Anerkennung, nach einem gewissen Verständnis für die Verletzungen der letzten 50 Jahre, nach befriedigter Gerechtigkeit.

Eine konfrontative Taktik der USA geht an der politischen Wirklichkeit in der Region vorbei. Südkorea, der wichtigste US-Verbündete, hat die Wiedervereinigung dauerhaft von der Tagesordnung gestrichen und möchte mit dem zweiten koreanischen Staat friedlich Seite an Seite leben. In Seoul träumt niemand mehr davon, den Norden zu schlucken. Den hohen Preis für die koreanische Einheit kann und will man derzeit nicht zahlen. Für die Mehrheit der Südkoreaner ist Amerika der Kriegstreiber und nicht Nordkorea, ist das bullige Verhalten der USA ein größeres Sicherheitsrisiko als das nordkoreanische Atom-Programm. Auch China wird die amerikanische Politik der Stärke nicht mitmachen und sich ökonomischen Sanktionen verweigern. Für Peking ist Nordkorea schon lange eine große Last, aber das vorrangige Ziel der Chinesen ist und bleibt Stabilität.

Nordkorea hat in der Atomkrise mehr Optionen als die USA. Es hat bereits angedeutet, dass es seine bisherige Strategie aufgeben könnte, wonach die nukleare Drohung, wie man sich ausdrückt, „die Grenze ist, die das Wasser in der Beziehung zu Amerika fließen lässt". Stattdessen könnte es mit dem Drohen aufhören und atomare Fakten schaffen, etwa mit einem Atomtest. Wahrscheinlich ist das zwar nicht – zum einen aus Rücksicht auf die für Nordkorea lebenswichtigen Chinesen, die keine offen erklärte Atommacht vor ihrer Haustür dulden würden, zum anderen wäre ein solcher Schritt angesichts eines unberechenbaren Amerikas zu gewagt –, aber ausschließen sollte man Akte der Verzweiflung nicht. Zu erwarten ist jedoch, dass Nordkorea zunächst seine atomaren Fähigkeiten weiter ausbaut, ohne die Toleranz der USA dabei über Gebühr zu strapazieren. Es könnte sich zum Beispiel auf die Anreicherung von Uran konzentrieren und damit in einigen Jahren genug Spaltstoff für mehrere Bomben bekommen – und zugleich die Gewinnung des Plutoniums aus den abgebrannten Brennstäben als Druckmittel für Verhandlungen benutzen. Daneben bleibt genug Spielraum für kleine militärische Nadelstiche, die den Gegner an die eigene Gefährlichkeit erinnern. Wenn Washington sich bewegt, hat Pjöngjang genug Möglichkeiten, die atomare Uhr zurückzustellen. Aber falls die USA sich nicht flexibel zeigen, werden nicht nur Nordkorea, sondern auch Südkorea und China Amerika die Schuld für das Scheitern in die Schuhe schieben.

Stärkstes Drohmittel von Nordkorea bleibt der Verkauf von Spaltmaterial an Terrorgruppen. Der inoffizielle Sprecher Nordkoreas, Kim Myong-chol, behauptete in Tokio, „natürlich" sei das Land dazu bereit. Schließlich könne man nicht wissen, wer sich hinter dem Käufer verberge. Für eine „schmutzige Bombe", also die konventionelle Explosion von radioaktiven Stoffen, ebenso wie für eine atomare Waffe, braucht man nach Expertenangaben nur eine apfelsinengroße Menge Plutonium, die sich im Aktenkoffer exportieren lasse. Diese Schreckensvision ist ein treibender Faktor in der amerikanischen Nordkorea-Politik. Bei dem ersten Atom-Gespräch zwischen den USA, Nordkorea und China in Peking im April 2002 soll Nordkoreas Verhandlungsführer dem US-Chefdiplomaten mit einem Verkauf an Terroristen gedroht haben.

Mit Nordkorea zu verhandeln, seinen Stolz zu berücksichtigen und einige seiner Forderungen als berechtigt zu akzeptieren, ist eine Aufgabe, die großes Feingefühl und einen langen Atem erfordert. Der Einsatz sei hoch, warnte Henry Kissinger in seinem Lösungsvorschlag für die Krise. „Denn sollte eine Verständigung sich als unmöglich erweisen, wird die amerikanische Strategie unausweichlich entweder auf eine gewaltsame Beseitigung der nordkoreanischen Nuklear-Wiederaufbereitungsanlage gerichtet sein oder auf eine zunehmend Atomwaffen gestützte Abschreckung entlang der asiatischen Peripherie – eine Welt also, die es in jedermanns Interesse zu vermeiden gilt", schreibt der Ex-Außenminister. Er drängt darauf, rasch eine friedliche Lösung zu finden: „Die Zeit drängt: Denn bald wird die Plutoniumproduktion in Nordkorea ein Niveau erreichen, das die Kapazität internationaler Systeme übersteigt, diese anders als durch militärische Maßnahmen zu kontrollieren."

Mit einer friedlichen Lösung der Atomkrise verbinden viele Korea-Beobachter die Hoffnung, dass Nordkorea sich in der Folge wirtschaftlich öffnet und menschliche Erleichterungen zwischen den Bruderländern zulässt: Briefe und Telefonate, Besucherverkehr, Verwandtentreffen. Am Ende könnte sich das heutige Unrechtsregime so weit wandeln, dass es mit Südkorea zusammenwächst und sich vereinigt.

Eine friedliche Lösung der Atomkrise könnte letztlich auch die koreanische Frage beantworten. Denn ein regionaler Sicherheitspakt und normale Beziehungen der beteiligten Länder würden einen Schlußstrich unter 50 Jahre Kalten Krieg bedeuten. Der Anstoß dazu kann nur aus Washington kommen. Es wäre jedenfalls für Amerika an der Zeit, mit Korea Frieden zu machen und dieses Kapitel seiner Geschichte zu schließen. Kolonialismus, Besatzung, Krieg und Teilung haben auf der koreanischen Halbinsel tiefe Wunden hinterlassen. Nordkoreas großer Trumpf ist seine Fähigkeit, einen (atomaren) Krieg zu führen. Dieses Vermögen vertraglich zu beschränken, würde die koreanische Halbinsel – und die übrige Welt – sicherer machen. Den schwierigen Rest könnte man den Koreanern überlassen.

Chronologie

1989–91:	Erste amerikanisch-nordkoreanische Gespräche in Peking
1990–91:	Sechs Nord-Süd-Gespräche in Seoul und Pjöngjang
Dezember 1991:	Unterzeichnung des Nord-Süd-Grundabkommens, Ankündigung eines Abkommen über Denuklearisierung der Halbinsel
Januar 1992:	Nordkorea tritt der IAEO bei und lässt Atomanlagen überwachen, höchstrangiges Direktgespräch zwischen USA und Nordkorea seit dem Krieg
April 1992:	Kim Jong-il wird zum „Marschall der Streitkräfte" ernannt und übernimmt ein Jahr später den Vorsitz der Nationalen Verteidigungskommission
Herbst 1992:	Streit zwischen Nordkorea und IAEO über Inspektionsorte
März 1993:	Nordkorea kündigt Atomwaffensperrvertrag
Mai 1993:	Nordkorea testet die Rodong-Mittelstreckenrakete
Juni 1993:	Nordkorea setzt Kündigung des Sperrvertrages außer Kraft
Februar 1994:	Rückkehr der USA und Nordkoreas an den Verhandlungstisch
Mai/Juni 1994:	Nordkora entfernt Brennstäbe: Verhandlungsabbruch
Juni 1994:	Ex-Präsident Carter einigt sich mit Staatspräsident Kim Il-sung auf neue Verhandlungen

Juli 1994:	Tod von Kim Il-sung, alle Verhandlungen werden ausgesetzt
August 1994:	Südkorea kündigt Bau von zwei Atomreaktoren für Nordkorea an
Oktober 1994:	USA und Nordkorea einigen sich auf das Genfer Rahmenabkommen
Dezember 1994:	Ein US-Hubschrauberpilot wird nach Abschuss über der Demilitarisierten Zone gefangen genommen
August 1995:	Nordkorea bittet die Vereinten Nationen um Nothilfe wegen Flutkatastrophe
September 1995:	Erste Hilfslieferung trifft ein
Februar 1996:	USAID kündigt ersten amerikanischen Beitrag nach Hilfsappell für Nordkorea durch das Welternährungs-Programm an
Juni 1995:	Beilegung des Streits über Reaktortyp für Nordkorea
Januar 1996:	Erste US-Nordkorea-Gespräche über vermisste US-Soldaten in Nordkorea
April 1996:	Erste US-Nordkorea-Gespräche über Raketenexport
September 1996:	Nordkoreanisches Unterseeboot beim Absetzen von Agenten an der südkoreanischen Küste entdeckt
März 1997:	Zusammenbruchs des nordkoreanischen Nahrungs-Verteilsystems
Oktober 1997:	Kim Jong-il wird mit 100 Prozent der Stimmen zum Generalsekretär der Arbeiterpartei von Nordkorea „gewählt"
August 1998:	Bei Nordkoreas Versuch, einen Satelliten ins All zu schießen, fliegt die mehrstufige Daepodong-Mittelstreckenrakete über Japan hinweg

in den Pazifik; US-Kongressteam spricht nach Besuch von Nordkorea von 300 000 bis 800 000 Hungertoten in jedem der letzten drei Jahre

Oktober 1998: Südkorea erlaubt den Export einer Rinderherde nach Nordkorea

Februar 2000: Nordkorea macht Naturkatastrophe und die US-Wirtschaftsblockade für seine Probleme verantwortlich

April 2000: Südkoreas Präsident Kim Dae-jung verspricht Nordkorea kräftige finanzielle Hilfe und Kreditgarantien als Gegenleistung für die Zustimmung zu einem Gipfel; Aufstand von nordkoreanischen Flüchtlingen vor ihrer Repatriierung in einem chinesischen Lager

Juni 2000: Nordkoreas Führer Kim Jong-il und Südkoreas Präsident Kim Dae-jung treffen drei Tage lang in Pjöngjang zusammen; die USA lockern die Wirtschaftssanktionen gegen Nordkorea

Juli 2000: Nordkorea droht mit Wiederaufnahme des Atomprogramms, wenn die USA keine Entschädigung für die verspätete Fertigstellung der Atomreaktoren zahlen

August 2000: Hyundai-Gründersohn Chung bringt persönlich 500 Rinder über die Grenze nach Nordkorea

April 2001: Deutschland verspricht Nordkorea 30 000 Tonnen Rindfleisch

Mai 2001: Nordkoreas Führer Kim Jong-il verspricht hochrangiger EU-Delegation Dialog über Menschenrechte

Juni 2001:	Nordkorea droht mit neuen Raketentests, wenn die USA sich nicht zu neuen Gesprächen bereit erklären
November 2001:	Erste Lieferung von 6000 Tonnen deutschem Rindfleisch trifft in Nampo (Nordkorea) ein
Januar 2002:	US-Präsident Bush bezeichnet Nordkorea, Irak und Iran als „Achse des Bösen" und wirft ihnen vor, sich um den Besitz von Massenvernichtungswaffen zu bemühen
März 2002:	Nordkoreanische Flüchtlinge dringen in die spanische Botschaft in Peking ein; Japan will nur noch Nahrungsmittel spenden, wenn die Frage der entführten Japaner geklärt ist
Juni 2002:	Schießerei zwischen Nord- und Südkorea im Gelben Meer, Reform der Preise und Löhne in Nordkorea
September 2002:	Das erste japanisch-nordkoreanisches Gipfeltreffen endet mit der Aussicht auf eine Normalisierung der Beziehungen; Nordkoreas Führer Kim gesteht die Entführung von zwölf japanischen Staatsbürgern nach Nordkorea
Oktober 2002:	US-Sondergesandter Kelly wirft Nordkorea bei einem Besuch in Pjöngjang die heimliche Urananreicherung vor, Nordkorea bestätigt nach US-Angaben die Vorhaltungen
November 2002:	Die USA, die EU, Japan und Südkorea beschließen, das im Genfer Atomabkommen zugesagte Öl ab Dezember nicht mehr zu liefern
Dezember 2002:	Nordkorea kündigt die Wiederaufnahme des Atomprogramms an

Januar 2003:	Nordkorea erklärt Rücktritt vom Atomwaffensperrvertrag
Februar 2003:	Nordkorea testet Kurzstreckenraketen und droht mit der Kündigung des Waffenstillstandsabkommens von 1953
April 2003:	Beim ersten Dreiergespräch über die Atomkrise zwischen Nordkorea, China und den USA in Peking schlägt Pjöngjang eine Paketlösung für die Atom- und Raktenprogramme vor
Juli 2003	Nordkorea behauptet, genug Plutonium produziert zu haben, um Atombomben herstellen zu können
August 2003:	Erstes Sechser-Gespräch über die Atomkrise zwischen Nordkorea, China, USA, Südkorea, Japan und Russland in Peking; Nordkorea droht mit einem Atomtest
Oktober 2003:	Nordkorea behauptet, die Wiederaufarbeitung von 8000 abgebrannten Brennstäben abgeschlossen zu haben
November 2003:	Die USA und ihre Partner stoppen den Bau von zwei Atomreaktoren für Nordkorea. Pjöngjang verlangt Kompensation. Die beiden Koreas einigen sich auf den Bau eines Zentrums für die Zusammenführung von Familien

Übersichtskarte Korea

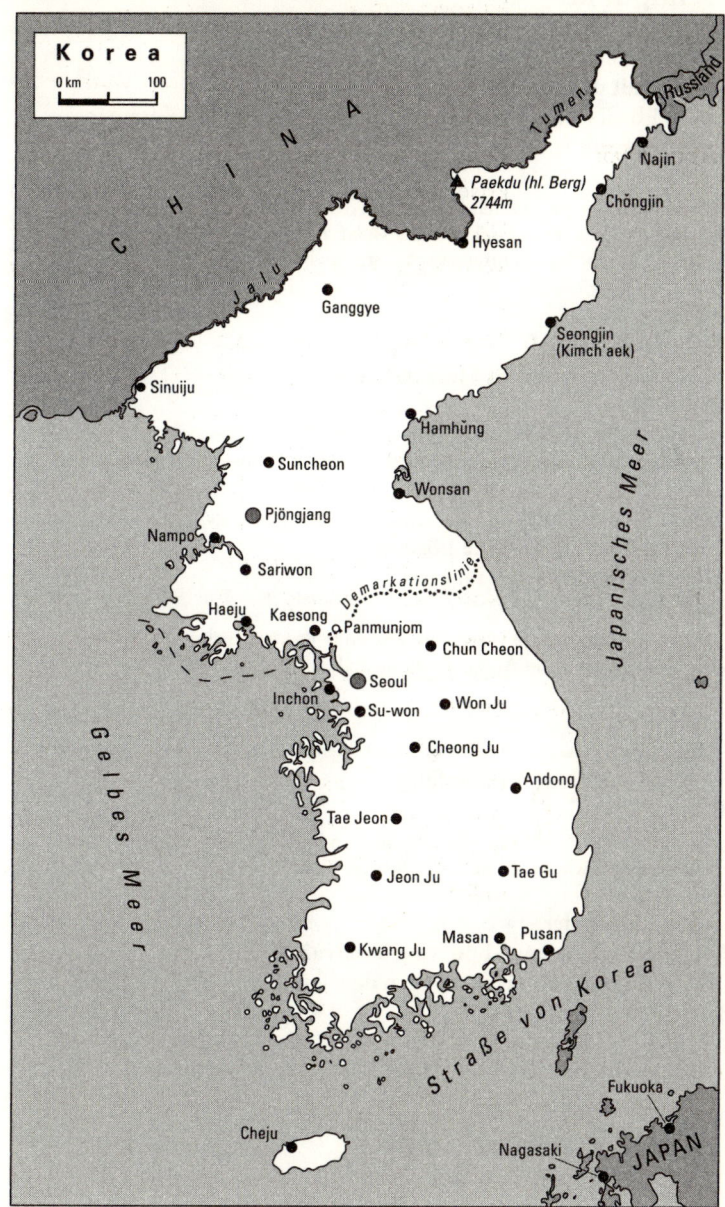

Korea

0 km   100

CHINA

Russland

Tumen

Najin

Paekdu (hl. Berg)
2744m

Chŏngjin

Hyesan

Jalu

Ganggye

Seongjin
(Kimch'aek)

Sinuiju

Hamhŭng

Suncheon

Wonsan

Pjŏngjang

Nampo

Sariwon

Japanisches Meer

Haeju

Kaesong

Demarkationslinie

Panmunjom

Chun Cheon

Seoul

Inchon

Su-won

Won Ju

Cheong Ju

Andong

Tae Jeon

Jeon Ju

Tae Gu

Gelbes Meer

Kwang Ju

Masan

Pusan

Straße von Korea

Fukuoka

Cheju

Nagasaki

JAPAN

Brennpunkte

Katajun Amirpur
Gott ist mit den Furchtlosen
Schirin Ebadi – die Friedensnobelpreisträgerin und der Kampf
um die Zukunft Irans
Band 5469
Schirin Ebadi kämpft mit dem Koran gegen die Unterdrückung der Frauen
und für Reformen im iranischen Gottesstaat. Eine faszinierende Frau im dra-
matischen Kampf für ein offeneres Antlitz des Islam.

Afrika
Mythos und Zukunft
Hg. von Katja Böhler und Jürgen Hoeren
Band 5421
Ein neuer Blick auf den schwarzen Kontinent. Seine faszinierende Gegenwart
ist geprägt von vitalen kulturellen Aufbrüchen und neuen Entwicklungen.

Eugen Drewermann
Krieg ist Krankheit, keine Lösung
Im Gespräch mit Jürgen Hoeren
Band 5427
Drewermann bleibt dabei: Gerechte Ordnung entsteht nicht aus Gewalt.
Krieg ist Wahnsinn – in Afghanistan, im Irak. Überall auf der Welt.

Peter Heine
Schauplatz Irak
Hintergründe eines Weltkonflikts
Band 5371
„Hervorragende Einführung für alle, die sich in der gegenwärtigen Weltlage
informieren wollen. Nicht nur tagesaktuell." (ekz)

Jürgen Todenhöfer
Wer weint schon um Abdul und Tanaya?
Die Irrtümer des Kreuzzugs gegen den Terror
Band 5420
„Ein bemerkenswertes Buch, in dem an die Bedeutung unserer Grundwerte –
auch für unser Handeln gegenüber anderen Völkern – erinnert wird." (FAZ)

HERDER spektrum